배움이 달라지는 수업 철학

교사의
도전

배움이 달라지는 수업 철학

교사의
도전

2013년 3월 25일 처음 펴냄
2021년 4월 15일 7쇄 펴냄

지은이 사토 마나부
옮긴이 손우정
펴낸이 신명철
펴낸곳 (주)우리교육
등록 제 313-2001-52호
주소 03993 서울특별시 마포구 월드컵북로 6길 46
전화 02-3142-6770
팩스 02-3142-6772
홈페이지 www.urikyoyuk.modoo.at

ISBN 978-89-8040-684-5 03370

*이 책의 내용을 쓰고자 할 때는 저작권자와 출판사의 허락을 받아야 합니다.
*잘못된 책은 바꾸어 드립니다.
*책값은 뒤표지에 있습니다.

이 도서의 국립중앙도서관 출판시도서목록(CIP)는
e-CIP홈페이지(http://www.nl.go.kr/ecip)에서 이용하실 수 있습니다.
(CIP 제어번호:CIP2013001559)

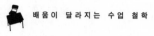

배움이 달라지는 수업 철학

교사의
도전

우리교육

차례

서장
배움을 중심으로 하는 수업 창조

1. 조용한 혁명

교실은 어딜 가나 닮은꼴이다. 하지만 어느 교실을 방문해도 하나하나 서로 다른 숨결이 느껴지고 서로 다른 교류 속에 서로 다른 일들이 일어나는 이유는 무엇일까?

2003년 1월 24일, 도쿄 도 네리마 구립 도요타마미나미초등학교 3학년 하마노 다카아키浜野高秋 선생의 교실 한편에서 비디오카메라로 수업을 기록하고 있었다. 나는 이날 수업 관찰이 내 기억 속에서 잊을 수 없는 귀중한 경험이 될 것을 예감했다.

지금까지 방문해 온, 1만 개가 넘는 교실은 그 하나하나가 다른 것과 비교할 수 없는 특이성을 지니고 있는 동시에 어떤 공통된 개혁의 물결을 표현하고 있었다. 그 혁명의 물결은 교실의 벽을 넘고 학교의 담과 국경을 넘어 진행하고 있는 조용한 혁명으로 이어져 있었다.

이 조용한 혁명은 배움 양식에서는 좌학座學의 배움에서 활동적인 배움으로, 개인적인 배움에서 협동적인 배움으로, 획득하고 기억하여 정착하는 배움에서 탐구하고 반성하고 표현하는 배움으로의 전환이다. 수업 양식에서는 전달하고 설명하고 평가하는 수업에서 촉발하고 교류하고 공유하는 수업으로의 전환이다. 이 혁명은 일본 교실뿐만 아니라 세계 각국 교실에서 보다 대규모로 전개되고 있다. 실제, 유럽과 미국 등 여러 나라 교실 개혁은 보다 광범위하며 보다 급진적이다.

칠판과 교탁을 중심으로 많은 학생들이 한 명 한 명씩 한 방향으로 나란히 줄지어 앉아 책상에서 배우는 교실, 교과서를 중심으로 주어진 지식이나 기능을 습득시키고 시험으로 평가하는 수업은 일본을 포함한 동아시아의 여러 나라들을 제외하고는 이미 박물관에 들어가 있다고 해도 과언이 아니다. 미국과 유럽의 많은 교실을 방문하면 20명 내외의 아이들이 네댓 명씩 모둠별로 테이블에 모여 협동학습을 전개하고 교사는 배움의 디자이너로서 혹은 촉진자facilitator로서 활동하고 있다. 그러한 교실에서 교과서는 보조 역할을 할 뿐이다. 탐구할 만한 주제나 과제를 중심으로 많은 자료를 살펴보고 다채로운 활동을 하면서 질 높은 배움을 추구하고 있다.

이 조용한 혁명은 역사적으로 보아도 필연적이다. 우리에게 친숙한 전통적인 교실 풍경은 19세기의 산물이며 국민국

가의 통합과 산업주의 사회의 발전에 대응한다. 그러나 21세기를 맞이한 오늘날 세계화에 따라 일본을 포함한 선진 여러 나라들은 물건 생산과 소비를 중심으로 하는 산업주의 사회로부터 고도의 지식과 문화, 정보와 대인 서비스에 의해 경제가 구성되는 포스트 산업주의 사회로 이동하고 있다.

OECD는 지금 아이들이 사회인이 되는 2020년에는 가맹국 30개 나라에서 제조업에 종사하는 노동자의 비율이 노동인구의 10퍼센트에서 2퍼센트로 격감할 것이라 추정하고 있다. 21세기 사회는 지식이 고도화되고 융합하는 사회이며 그 지식이 끊임없이 유동하며 갱신되고 발전하는 사회이다. 창조적 사고, 비판적 사고, 커뮤니케이션 능력, 탐구적인 배움이 요구되는 것은 이러한 사회 변화에 대응하는 것이다.

21세기 학교에서는 배움의 양이 아닌 질이 문제시되고, 평생에 걸친 주체적 배움이 요청된다. 교실의 조용한 혁명은 이 역사적 변화에 대응하고 있다.

2. 하나의 수업에서부터

하마노 선생의 교실에서 ㄷ 자 형태로 배열한 책상에 앉아 있는 학생들은 종이 울리기 전부터 각자 텍스트를 소리 내어 읽고 있었다. 텍스트는 〈모치모치 나무〉다. 밤 어둠이 무서워서 혼자 오줌 누러도 가지 못하는 즈다豆太. 한밤중에 복통으로 고통스러워하는 할아버지가 내뱉는, 곰처럼 끙끙 앓는 소리에 눈을 뜨고 일어나 할아버지를 도와야 한다는 일념으로 어둠의 두려움, 서리의 차가움도 아랑곳하지 않고 의사를 부르러 가는 장면의 글이다.

한 사람 한 사람이 자기 속도에 맞게 공손하게 소리 내어 읽는 모습과 교실에 울려 퍼지는 아이들의 부드러운 목소리는 상쾌하고 기분이 좋다. 그것만으로도 이 교실에, 자연스럽게 서로 교류하며 개성과 공동성(공동체 의식)이 자라는 토양이 만들어져 있음을 알 수가 있다. 이런 교실에서는 한 사람 한 사람 존엄이 소중하게 여겨지고 있기 때문에 아이들은 안심하고 수업에 참여할 수 있고, 나도 맘을 비우고 수업을 관찰하고 기록할 수 있다.

시작종과 동시에 하마노 선생은 "자, 시작합시다. 자신의 목소리로 읽어 보세요."라고 말한다. 그 후에 몇 명을 지명하여 이 수업에서 다루는 장면의 텍스트를 소리 내어 두 번 읽게 하고 "자신이 생각한 것"을 적는 단계로 넘어갔다. 하마노 선생은 묵묵히 작업을 하고 있는 학생들 사이에 들어가 정서가 불안정한 학생에게는 "줄만 그어도 괜찮아요."라며 격려하고 뭔가 문장을 만들어 보려고 애쓰는 학생은 옆에서 조용히 지켜보는 등 도움을 필요로 하는 학생에게 세세한 대응을 하고 있다. 작업이 조금씩 진행되자 학생들은 옆 친구와 작은 소리로 소곤거리면서 아이디어를 교환하고 텍스트와 침묵의 대화를 반복한다. 약 10분간 개인 활동을 통해 스스로 읽기를 성숙하게 완성하는 모습을 꼼꼼하게 확인한 하마노 선생은 조용한 목소리로 "이제 슬슬 해 볼까요? 됐나요? 자, 모두 읽은 이야기를 나눠 봅시다."라고 이야기를 건넨다. 이 타이밍도 적확하다.

곧 도시키俊樹(이하 아이 이름은 모두 가명)가 "'절반도 더 남은 산기슭 마을까지'라는 부분은 아직 절반도 더 남았다는 것인데 지치지 않았을까요?"라고 말을 시작했다. 듣고 있던 아이가 "절반이라면 약 2킬로미터예요."라고 응답한다. 하마노 선생이 "그것과 관련되는 것이 있나요?"라고 질문하니 가쓰시勝司가 "잠옷을 입은 채로 달려 나갔으니까 많이 서두르고 있어요."라고 답한다. 이어서 미치오道夫가 "이 산은 어느 정도 걸려야 갈까요?", 가즈오和夫는 "할아버지 때문에 달리고 있어요.", 요시키芳樹는 "무서웠어요. 할아버지가 죽을까 봐 무서웠어요."라고 계속해서 말한다. 여기서 하마노 선생은 "'무서웠다'는 말이 몇 번 나오지? 두 번 나오지요?" 하고 그 부분에 아이들의 관심을 유도했다.

하마노 선생의 이 대응이 수업의 전개를 결정지었다고 해도 좋다. 니시仁志가 "하지만 좋아하는 할아버지가 죽는 게 더 무서웠다"라고 꼭 알맞은 부분을 소리 내어 읽자 가쓰히사勝久가 "즈다의 아버지가 죽었을 때도 이렇게 무서웠을까?"라며 이어 간다. 도시코俊子가 "그건 할아버지가 죽을까 봐 무서웠던 거고 '아프고 춥고 무서웠으니까'라는 부분은 자기 몸을 다친 것이 아프고 무서웠던 거야."라고 정리한다. 그러자 "뭔가 다른 것 같아."라는 작은 속삭임이 들리더니 "밤이잖아, 뭔가 나타나지 않을까?"라는 히사키久樹의 발언에 아이들은 "곰", "귀신", "서리"라며 여기저기서 말하기 시작했다. 그러자 시노부信夫가 "선생님, 서리가 뭐예요?"라며 본문에 있는 '서리'의 의미에 대해 묻는다. 하마노 선생이 설명하지만 이야기 흐름을 중단한 이 질문과 설명에도 아이들은 "서리는 밤에 내리잖아.", "곰도 밤에.", "귀신도."라며 훌륭하게 화제를 연결 지어 되돌린다.

그러자 요시키가 "'할아버짓!, 할아버지!'라며 두 번 말하고 있지만 놀람의 의미가 달라. 첫 번째는 곰(처럼 할아버지가 앓는 소리)이고, 두 번째는 (할아버지가) 배가 아픈 것이 무서웠던 거야."라고 한다. '무서웠다'와 마찬가지로 '할아버지!' 하고 부르는 것도 두 번 나온다는 것을 발견하고 그 차이에 대해서 소곤소곤 속삭이며 아이들의 이야기는 나아가고 있다. 아이들은 이야기 속에서 처음 장면에도 '할아버지!'라는 서술이 있었고, '할아버지! 할아버지~! 할아버짓!' 하고 세 번이나 소리쳐 부르는 부분이 있다는 것도 발견해 냈다. 하마노 선생은 '할아버지~!', '할아버짓!'이라는 두 가지 방식으로 쓰여 있는 표현에서 즈다의 심정 차이를 묻자 아이들은 이 "두 번째는 할아버지 모습을 보고 깜짝 놀라 더욱 큰 소리로 불렀을 거예요.", "할아버지가 죽을지도 모른다고 무서워하고 있어요."라고 여기저기서 대답했다. 다카오

13

貴夫가 "머리맡에서 곰처럼 몸을 웅크리고 신음하고 있잖아. 할아버지 배가 무지 아픈 거야."라고 말하자 도시키가 "할아버지는 '걱정하지 마'라며 즈다를 안심시키고 있어."라고 받는다. 미스즈美鈴는 "'할아버지는, 할아버지는 배가 조금 아픈 거야'라는 부분은 '할아버지는, 할아버지는'이라고 말하고 있기 때문에 사실은 많이 아픈 거야."라고 발언하고, 가쓰히사가 "'즈다는 할아버지에게 달려들었다'고 하는 부분에서 즈다가 달려들면 할아버지 복통이 더 심해지지 않니?"라고 말한다.

나아가 미사美佐가 "'울며 울며'가 두 번 나오는데 의미가 비슷해."라며 '울며 울며'도 본문에 두 부분 나온다는 것을 지적한다. 아키亞紀가 "처음 것은 밤이 무서워서 그리고 두 번째는 할아버지가 죽을까 봐 겁이 나서, 슬퍼서 울고 있는 거야."라고 말하자 "조금 달라."라는 중얼거림이 퍼진다. 도시코가 "처음 부분은 서리가 발에 묻어 맨발로는 참을 수 없을 만큼 아파서 울었던 거야."라고 한다. 와카코和歌子가 "두 번째 '울며 울며'는 할아버지를 생각하자 더 겁이 나서 울었던 거지.", 마사토正人가 "발에서 피가 났지만 산기슭에 사는 의사 선생님이 계신 곳까지 참고 잘 달려갔어." 하자 요시키가 미소 지으면서 "그러니까 의사 선생님한테 즈다의 발까지 치료받게 해야 해."라고 받는다.

여기서 하마노 선생은 일단 한 번 정리를 하기로 했다. "벌써 시간이 다 되었네요. 1분 남았어요."라고 말하자 아이들은 "벌써? 좀 더 하고 싶어요.", "선생님 계속해요."라고 작은 소리로 외친다. 그 시점에서 손을 들고 있는 아이에 한해서 발언할 기회를 주었다.

유미由美가 "즈다가 '작은 강아지처럼 몸을 웅크리고 (달려 나갔다)'라고 하는 부분 있잖아요. 앞에 할아버지가 '곰처럼 몸을 웅크렸다'고 했으니까 '몸을 웅크리고'도 두 번씩 나와요."라고 지적했다. 이 지적에 대해서도 한바탕 이야기가 오가더니 두 번 나오는 '몸을 웅크렸다'에 대해 비교했다. 계속되는 발언에서 마코토眞人가, 즈다가 초가집에서 번개처럼 달려 나가는 장면에서 "칠흑 같은 밤의 공포"라고 말하자, 가즈오가 "'밖은 굉장한 별에 달도 나왔다'고 되어 있는데 '굉장한 별'은 무슨 별?"이냐고 묻는다. "별이 가득하다는 거야.", "보름 무렵 아름다운 별", "음력 보름이라면 그건 달이잖아.", "음력 보름달도 있잖아."라며 계속 이어진다. 이제까지 말을 하지 않고 있던 아키라徹가 "그래도 즈다는 별도 달도 보지 않았어."라며 정리했다. 마지막에 아키라가 한 말은 이 이야기의 마지막 절정, 즉 의사의 등에 업혀 초가집으로 들어갈 때 모치모치 나무 뒤의 달과 나뭇가지 뒤의 별에 즈다가 매료되는 전개를 준비하는 귀중한 발언이 되었다.

3. 서로 듣는 관계

배움이라는 것은 텍스트(대상 세계)와의 만남이고 대화이며, 교실 친구들과의 대화이고 자기 자신과의 대화, 이 세 가지의 대화적 실천에 의해 구성되는 것이다(배움의 삼위일체론). 이것은 '활동activity'과 '협동collaboration' 그리고 '반성reflection' 세 가지로 구성되는 활동적이며 협동적이고 반성적인 배움으로 수행된다.

하마노 선생의 교실에서 서로 배우고 탐구하는 활동은 어떻게 전개되고 있었던 걸까. 이 교실에서 배움의 밑바탕에 있는 것은 아이들과 개성적이고 다양한 텍스트의 만남과 대화, 아이들 사이에 형성된 서로 듣는 관계이다. 아이들은 텍스트를 꼼꼼하게 읽으며 친구가 읽은 것을 교류할 때도 한 명 한 명 텍스트의 표현에 입각하여 사고하고, 텍스트와 대화를 하며 새로운 의미를 발견한다. 어떻게 아이들은 텍스트를 충실하게 읽고, 친구들과 읽은 것을 교류하며 이야기 세계를 풍부하게 그려 내고 있는 것일까. 그 비밀은 하마노 선생의 대응에 있다.

내가 수업을 참관하면서 본, 아이들에 대한 하마노 선생의 대응은 결코 복잡한 것이 아니었다. 한 명 한 명 아이의 발언을 음미하며 깊이 받아들이고 그 발언이 다른 아이들에게 충분히 전달되지 않을 때는 "~라고 말하네요."라며 아이들에게 정중하게 되풀이하고 있었다. 중간에 '무서웠다'는 의미가 나왔을 때 "'무서웠다'는 두 번 나오지요."라고 주의를 환기시켰지만, 그 후 '할아버지'라고 부르는 장면이 두 번(텍스트 전체로는 세 번), '울며 울며'가 두 번 '몸을 웅크리고'가 두 번(할아버지가 '곰'처럼, 즈가 '강아지'처럼 웅크린 것) 나온다는 것을 텍스트에서 발견하여 대비해서 읽기를 발전시킨 것은 아이들이다. 하마노 선생은 그 계기를 준비한 것에 불과했다. 그러한 대응으로 아이들의 읽기가 훌륭하게 연결되어 발전한 것은 왜일까.

그 비밀은 하마노 선생의 대응을 떠받치고 있는 두 가지 원리에 있다고 생각한다. 하나는 하마노 선생의 대응이 '듣기'를 중핵으로 하고 있다는 것이다. 한 명 한 명의 생각을 있는 그대로 받아들이는 것이 하마노 선생의 '듣기'라는 행위의 중심을 이루고 있다. '듣기'야말로 수업에서 교사 활동의 중핵인 것이다. 아이들의 발언을 '듣는다는 것'은 다음 세 가지 관계에서 발언을 받아들이는 것을 의미한다. 하나는 그 발언이 텍스트의 어느 말에 촉발된 것인가를 인식하는 것, 두 번째는 그 발언이 다른 아이들의 어느 발언에 의해 촉발된 것인가 인식하는 것, 그리고 세 번째는 그 발언이 그 아이 자신이 이전에 한 말과 어떻게 연결되어 있는가를 인식하는 것이다.

교사가 이 세 가지 관계에 대해 한 명 한 명의 발언을 들을 수 있게 되면 텍스트를 매개로 한 명 한 명의 발언이 마치 직물이 짜이는 것처럼 연결되어 간다.

하마노 선생의 '듣기' 대응을 떠받치는 또 하나의 원리는 한 명도 빠뜨리지 않고 수업에서 아이들의 존엄을 존중하는 것이다. 역설적이지만 교사가 '좋은 수업'을 하기 바라는 한, 한 사람 한 사람의 존엄을 존중하는 수업은 성립하지 않을 것이다. '좋은 수업'을 바라는 교사는 '좋은 발언'을 연결하여 수업을 전개한다고 하는 덫에 빠져 버리기 때문이다. 하마노 선생의 대응은 그런 것과 질적으로 다르다. '좋은 발언(읽기)'을 찾는 것이 아니라 '어떤 아이의 발언도 훌륭하다'라고 하는 신뢰와 기대가 하마노 선생이 행하는 '듣기'의 밑바탕을 지탱하고 있다. 그렇기 때문에 이 수업에서 아이들은 자연스러운 태도로 참가하고 자유로운 사고와 이미지를 교류하고 그 자유로운 교류가 다양한 읽기의 풍성한 연결을 만들어 내는 것이다.

수업 속에 서로 배움이 성립하느냐 그렇지 못하느냐는 그 70퍼센트가 아이 한 명 한 명의 존엄을 존중하고 있는가에 달려 있고, 교사로서의 경험과 배움, 이론과 수업 기술은 나머지 30퍼센트에 불과한 것은 아닐까.

수많은 수업을 참관하면서 나는 점점 이 사실을 확신하게 되었다. 아이 한 명 한 명에게 성실할 것, 그리고 교재에 대해 성실할 것. 이 두 가지 성실함이 수업의 성패를 결정짓는다고 생각한다. 바로 여기에 초임 교사라도 경력 교사 못지않게 풍부한 서로 배움을 실현할 수 있는 비밀이 숨겨져 있다.

4. '연결하기'와 '되돌리기'

하마노 선생의 수업을 참관하면서 나는 10년 전 히로시마 시 초등학교에서 참관했던 〈모치모치 나무〉 수업 풍경을 떠올리고 있었다. 그 교실에서는 의사 선생님을 부르러 밤길을 달려갔던 즈다의 심정을 서로 이야기하는 수업이 진행되고 있었다. 교실에는 차분하지 못한 가즈키和樹라는 남자아이가 있는데 교과서도 펴지 않고 책상에서 떨어져 앉아 연필 깎는 데만 몰두하고 있었다. 그런 가즈키가 "저요, 저요" 하며 손을 들더니 "즈다는 '머리가 아프다'고 말하고 있어요."라고 말했다. 주위에 있던 아이들은 의아해하면서 "아픈 건 즈다가 아니고 할아버지잖아.", "할아버지가 아픈 건 머리가 아니고 배야."라며 작은 목소리로 말했는데 가즈키는 "즈다가 '머리가 아프다'고 말하고 있다니까." 하며 계속해서 말했다. 놀라운 것은 교사가 "왜, 그렇게 생각하니?" 하고 묻는 것이 아니라 "어디에서 그렇게 생각하게 되었니?" 하고 물었다는 점이다.

가즈키는 교과서를 펴지도 않았는데, "교과서에 쓰여 있어요. '초가집 사립문에 부딪치며 달려 나갔다'고 쓰여 있어요." 하고 대답했다. "에~?" 하고 술렁대는 소리가 교실에 퍼졌고 잠시 후 교실 한쪽 편에서 "와, 대단해!" 하며 감탄하는 웃음소리가 들려왔다. 나도 가즈키의 읽기에 감동했다. 즈다와 할아버지는 가난해서 작은 초가집에서 살고 있는데 할아버지의 병이 심각하다는 것을 알게 된 즈다가 잠도 덜 깬 상태에서 '작은 강아지처럼 몸을 웅크리고', '문에 부딪치며 달려 나갔다'고 하니까 머리를 문에 부딪치며 달려 나갔다는 것은 틀림없다. 이것이 가즈키가 읽은 즈다의 이미지인 것이다. 이 즈다의 이미지는 어떤 아이의 해석보다도 생생하게 실감 나는 것이었으며 상황을 자세하게 이해한 것이었다. 교사는 가즈키의 의견을 계기로 한 번 더 텍스트로 '되돌리기'를 하여 달려 나갔던 즈다의 모습을 서로 이야기하는 수업으로 전개시켰다.

가즈키에 대한 교사의 묻는 방식이 "왜 그렇게 생각하니?"가 아니라 "어디에서 그렇게 생각하게 되었니?"라는 것이 이 수업에서 결정적이었다. '어디에서'와 '찾아보다'에서 교재와 '연결하기'가 생겨났고 가즈키가 읽은 것과 다른 아이들이 읽은 내용이 '연결'된 것이다.

수업에서 교사가 할 일의 핵심은 '연결하기'와 '되돌리기'이다. '연결하기'는 교사 역할의 핵심이라고 해도 좋다. 교사는 수업에서 교재와 아이들을 연결하고, 각각의 아이들을 연결하고, 어떤 지식과 아이들 저마다가 갖고 있는 지식을 연결하고, 지난날에 익힌 것을 오늘 배운 것과 연결하고, 교실에서 배운 것은 사회현상과 연결하고, 아이들의 현재와 미래를 연결하는 것이다. 수업에서 교사의 활동을 살펴본다는 것은 '연결하기'를 잘하고 있나 그렇지 않나를 보는 것이다. 그러나 교사의 활동을 잘 살펴보면

'연결하기'보다 '끊기'로 시종일관하는 경우가 많다. 예를 들면 "누구 더 없어?", "다른 의견은?"이라고 지명하면 발언과 발언의 연결은 끊어지게 된다. 수업이 끝나고 감상과 반성을 적게 하는 교사도 많은데 그렇게 하면 아이들의 의식에서 다음 수업에 대한 연결은 사라지고 만다.

'되돌리기' 활동은 더욱 잘 안 되고 있다. 수업 중에 교사는 "다음은 어떻게 하죠?", "다음은 어떻게 하죠?"라고 의식하면서 '앞으로', '앞으로' 전개될 내용에만 기울게 되어 그 진행을 멈추고 이전 단계로 '되돌리기'를 하거나 교실 전체나 모둠에서 서로 이야기하는 것으로 '되돌리기'는 드물게 된다. 그 결과 많은 아이들을 버려 둔 채 가게 되어 몇몇 아이만 참여하는 수업으로 진행되는 경우가 많다. 서로 배우는 교실을 만드는 교사와 일방적으로 수업을 진행하는 교사의 차이는 바로 '되돌리기'에 있다. 그에 따라 교실에 있는 모든 아이들의 배움을 보장하는가 그렇지 않은가가 결정된다.

서로 탐구하는 교실을 만드는 교사는 '되돌리기'의 의의를 잘 알고 있다. 그리고 '되돌리기'에 능숙한 교사는 좀 더 수준 높은 배움에 적극적으로 도전한다. 과제가 아이들에게 어려울 때에는 이전 단계로 '되돌리기'를 하여 다시 출발할 수 있게 한다든지 모둠 활동에서 '되돌리기'를 함으로써 모든 아이들의 참여를 북돋우며 아이들이 서로가 가진 다양한 생각을 주고받도록 조직해서 좀 더 수준 높은 배움을 실현한다.

하마노 선생의 수업도 '연결하기'와 '되돌리기' 이 두 가지 방법으로 교사의 활동이 조직되어 있다. 하마노 선생은 수업에서 아이 한 명 한 명의 말 '듣기'를 중심으로 '연결하기'와 '되돌리기' 활동에 전념하고 있었다.

5. 비전

개혁은 '비전'에 따라 추진되는 것이다. 서로 배우는 교실을 만드는 '조용한 혁명'도 '비전'이 있어야 가능하다. 그런데 이 '비전'은 교사들 한 사람 한 사람의 수업 철학을 형성하고 있다.

이 책에서는 나와 함께 교실의 조용한 혁명에 도전한 교사들의 수업 사례를 소개하여 그 도전 속에 싹트고 있는 수업 철학을 구체적인 장면으로 제시하려고 한다. 이 책에서 소개하는 교사들의 도전은 모두 작은 도전이며 작은 일들이다. 등장하는 교사들은 미국의 개혁 사례에서 소개한 데보라 메이어처럼 국제적으로 유명한 교육개혁자도 있으나 교사 대부분은 유명한 교사도 아니고 저명한 개혁가도 아니다. 중요한 것은 교실의 조용한 혁명이 어떤 학교에나 존재하는 교사 한 사람 한 사람의 작은 도전에 의해 이루어지고 있다는 것이다.

서로 배우는 교실 창조와 배움의 공동체 학교 만들기는 교사들의 공통된 숙원이다. 그 도전은 학교와 교실에 민주주의를 실현하는 도전이다. 수업에서 아이들의 존엄을 세우는 도전이며 한 사람 한 사람의 배울 권리를 보장하는 도전인 것이다.

　학교는 아이들이 함께 성장해 가는 장소이다. 그러나 오늘날 학교는 그 기능을 완수하지 못하고 있다. 학년이 올라갈수록 많은 아이들이 배움으로부터 도주하고 있으며 독서를 멀리하고 있다. 교사들의 노력에도 불구하고 학교는 다니면 다닐수록 배움의 즐거움과 서로 배우는 친구를 잃어버리고 배움을 지탱해 주는 교사와 자기 자신의 가능성까지 잃어버리게 하고 있다. 함께 배우는 교실을 만들고 함께 탐구하는 교실을 만들어 가는 도전은 이러한 학교의 현실을 바꾸는 투쟁인 것이다.

　서로 배우는 관계를 교실에 구축해 가는 도전은 아이들 속에 서로 배우며 성장해 가는 연대를 기르는 도전이다. 교실을 참관하며 놀라는 것은 아이들이 서로 돌보고 지탱해 주는 잠재적 능력을 풍부하게 실현하고 있다는 사실이다. 비록 교실에서 엉뚱한 말을 하며 배움을 방해하는 아이가 있을 때에도 아이들은 강한 인내로 그 아이에게 관용을 베푼다. 오히려 교사가 참지 못하고 화를 내는 경우가 더 많다. 그리고 그 아이가 조금이라도 배우려는 태도를 보이면 아이들은 아무런 티도 내지 않고 친절하게 대하며 배우는 것을 도와준다. 어느 교실에서나 볼 수 있는 이러한 사실에 나는 정말 감동했다.

그러나 교사는 보통 이러한 사실을 알지 못한 채 아이들이 서로 배우는 관계를 맺어 가는 경우에도 서로 가르치는 관계를 요구하는 경우가 많다. 그러나 '서로 배우는 관계'는 '서로 가르치는 관계'와는 본질적으로 다르다. '서로 배우는 관계'는 자연스럽고 잘난 척하지 않으며 친절함으로 맺어지는 관계인 데 반해 '서로 가르치는 관계'는 쓸데없이 참견하는 관계이다.

'서로 배우는 관계'는 혼자 해결하기 어려운 상황에 처하게 된 아이가 "이거 어떻게 해?"라고 도움을 구하면 그 요청에 다른 아이가 대답해 주는 관계인 것이다. 이렇게 하려면 교실에 두 가지 윤리가 필요하다. 하나는 잘 이해할 수 없거나 도중에 실패하게 되면 친구에게 "이거 어떻게 해?" 하고 물어보는 것이고 또 하나는 어떤 친구가 "이거 어떻게 해?" 하고 물어볼 때는 비록 교사가 말을 하고 있는 중이라도 반드시 성실하게 대답해 주는 것이다. 이 두 가지는 초등학교 1학년이라도 지켜야 하는 윤리로 만들 필요가 있다. 서로 배우는 교실 만들기는 아이들이 서로 돌보는 관계를 만들어 가는 윤리적 실천이다.

이 책에 등장하는 교사들은 스스로 교실을 열고, 동료와 서로 배우는 관계를 만들어 가고 있다는 점이 중요하다. 나는 아무리 '대단한 실천'을 하고 있는 것처럼 보여도 1년에 한 번도 동료에게 수업을 공개해서 비평을 받지 않는 교사는 공립학교의 교사로 인정하지 않는다. 왜냐하면 그 교사는 아무리 '대단한 실천'을 하고 있다고 해도 교실을 사적인 공간으로 여기고 아이들을 사유화하며 수업을 사유화하고 교직을 사유화하고 있기 때문이다.

이 책에서 소개한 사례는 모두 교실에서 서로 배우는 관계를 만들고, 교실을 열어 동료성을 구축해 가는 교사들의 도전을 기록한 것으로 국내외에서 진행되고 있는 교실의 조용한 혁명의 장면을 서술한 것이다. 그들의 사례와 그 풍경은 학교와 교실 속 조용한 혁명의 비전을 제시하고 새로운 시대를 열어 가는 수업의 철학을 마련해 주고 있다. 그 비전과 철학을 읽고 받아들일 수 있다면 좋겠다.

제1장

서로 듣는 관계에서
배우는 관계로

教師たちの挑戦

교실의 조용한 혁명

1. 바꾸다

수업 개혁이 넓고도 깊이 있게 진행되고 있다. 10년 전만 해도 활발하게 의견을 제시하고, 교사의 정교한 발문과 유도에 따라 극적인 분위기를 연출하는 수업이 '훌륭한' 수업으로 극찬받았다. 그러나 지금은 어느 정도 활발하게 의견을 주고받으며 고조된 수업이 제시되어도 많은 교사들은 이런 수업이 어딘가 걸맞지 않다는 느낌을 품게 되었다. 교사들이 추구하는 수업의 상이 달라지고 있는 것이다.

내가 방문하고 있는 학교 교사 대부분이 매력을 느끼는 수업은 차분한 관계 속에서 서로의 목소리에 귀 기울이며 각자의 생각을 정중하게 주고받는 수업이다.

지금까지 갈채를 받았던 수업은 활기차고 극적인 동작이 있는 화려한 수업이었던 데 반해 지금 교사들의 마음을 움직이는 것은 섬세하게 서로의 울림 속에서 진행되는 조용하면서도 소박한 수업이다.

최근 많은 학교에서 수업 공개와 연구회가 열리고 있는데, 참가자 대부분이 이런 새로운 수업의 모습에 깊이 감명한다는 것을 확인하고 있다.

한 교사의 수업 개혁 사례를 소개하겠다. 시즈오카 현에 후지 시에 위치한 히로미초등학교 야기八木 선생의 실천이다. 야기 선생의 수업을 처음 참관한 것은 히로미초등학교를 방문하기 시작한 지 3년째 되던 해이다. 당시 야기 선생의 수업은 열의가 느껴지는 수업이었으나 솔직히 말해 교사의 언행이 눈에 거슬렸고 아이들의 발언은 활발했으나 서로 이어지지 못한 채 끝났으며 사고의 깊이도 얕게 전개되었다. 검토회 자리에서 "우리 반은 시끄러워서 힘들다"고 말하는 야기 선생에게 불손하게도 "당신이 더 시끄럽다"고 신랄하게 말했던 것이 생각난다. 매우 미안한 만남이었다.

3년 후 야기 선생의 교실을 다시 참관했다. 5학년 사회과 '자동차 산업'에 관한 수업이었다. 교실에 들어섰을 때 깜짝 놀랐다. 놀라운 것이 두 가지 있었다. 하나는 교실 앞쪽에 실물 자동차 부품이 해체되어 전시되고 있었던 것이다. 아이들은 여러 모둠으로 나누어 자동차 회사를 설립하고 실물로 된 부품을 참고해서 골판지에 자동차를 제작하거나 부품 생산과 수주에서 자동차 조립에 이르기까지 공정의 시뮬레이션을 해 보고 있었다. 또 하나 놀란 것은 야기 선생과 아이들의 관계가 응답적으로 변해 있었고 교실에 서로 듣는

관계를 기초로 한 대화적 커뮤니케이션이 성립되어 있었다
는 것이다. 3년 전 야기 선생의 교실을 떠올려 보고 이렇게
까지 수업을 바꾼 야기 선생의 노력에 경의를 표하지 않을
수 없었다.

2. 젠더gender의 벽

야기 선생의 수업이 바뀐 것은 수업에 참가하지 않은 채
교실을 돌아다니며 문제를 일으키곤 했던 오사무修의 변화
에서 분명하게 드러났다. 오사무는 자동차 공장의 시뮬레
이션에서 복잡한 대인 관계를 필요로 하지 않는, 부품을 운
송하는 트럭 운전수 역할을 스스로 선택했다. 그러고는 오
랜 시간 아이들이 서로 말을 걸려고 노력해도 대꾸하지 않
고 혼잣말을 중얼거리며 책상에 붙어 앉아 수업을 듣고 있
었다.

자동차 공장의 시뮬레이션을 해 보고 있던 아이들은 자
동차 생산 공정에는 다양한 모양이 있다는 것과 부품 제조
와 조립 공정을 제휴하는 데도 다양한 양식이 있다는 것을
스스로 경험한 사실에 기초하여 서로 말하고 있었다. 손장
난을 하면서 내용과 상관없는 말을 작은 소리로 중얼거리던
오사무도 트럭 운전사를 연기했던 자기의 경험과 관련 있는
부분에서는 이야기하는 내용에 빠져, 근처에서 수업을 참관

하고 있던 나에게 몇 번이나 말을 걸었다. 겨우 자료집을 펼친 오사무는 도요타 시 항공사진에서 자동차 조립 공장 근처에 있던 부품 공장과는 멀리 있는 부품 공장을 발견했다. 내가 "그거 발표해 봐." 하고 말을 걸었더니 활짝 웃으면서 손을 들었다.

야기 선생은 학생들의 대화가 생각했던 대로 진행되지 않자 초조해했다. 그래서 모처럼 오사무가 손을 들었는데도 시킬 여유가 없었다. 드디어 오사무가 지명을 받았을 때는 오사무의 발견과는 관계없는 '컴퓨터로 디자인하는' 부분이었다. 그래도 오사무는 "자료집에 컴퓨터로 설계하는 사진이 실려 있습니다."라고 가까스로 말하고는 만족해하며 자리에 앉았다. 오사무가 수업에 제대로 참가한 귀중한 순간이었다.

야기 선생의 수업은 큰 문제가 하나 있었다. 남자아이밖에는 발언하고 있지 않았던 것이다. 게다가 일부 남자아이의 발언이 이 교실에서 대화의 절반을 지배하고 있었다. 더욱 어려운 점은 야기 선생이 진행하고 싶은 방향으로 이야기가 전개되지 않는 상황이 되면 될수록 야기 선생은 활발하게 발언하고 있는 몇몇 남자아이들에게 의존하였다. 그러면 그럴수록 여자아이 대부분은 입을 다물고 구경꾼이 된 채 무표정하게 되어 갔다. 일본 교실에서 일반적으로 볼 수 있는 광경인데 차분하게 서로 듣는 관계를 만들어 온 야기 선생의 교실에서도 몇몇 남자아이들의 발언이 교실을 지배하고

있다는 것은 중대한 문제였다. 야기 선생이 추구했던 서로
배우는 관계는 대화하는 법과 토론하는 방법을 변화시키는
데까지는 도달하지 못했다고 할 수 있다.

3. 서로 배우는 관계

　자동차 공장 수업을 한 지 3개월 후 야기 선생은 히로미
초등학교 공개연구회에서 지역에 있는 편의점을 제재로 한
'생활을 편리하게 해 주는 정보·운송' 수업을 공개했다. 체육
관에서 진행된 수업은 300명이 넘는 참관자들로 가득 찼다.
같은 회사 편의점 두 개가 도로를 사이에 두고 눈앞에 인접
해 있었다. 그러나 그 두 점포가 파는 물품들은 꽤 달랐다.
도대체 왜 이 두 점포는 서로 다른 상품을 팔고 있을까? 여
러 점포들은 어떻게 판매하는 상품을 결정하고 있는 걸까?
실제로 두 점포에서 팔고 있는 상품의 차이를 확인하고 그
차이에 대해 서로 이야기해 보는 수업이 시작되었다.
　수업이 시작되었을 때 3개월 전과는 달라졌다는 데 놀랐
다. 그 교실을 지배하고 있던 몇몇 남학생들이 조용히 차분
하게 생각하고 있었고 말이 없던 대다수 여자아이들이 각각
또박또박 서로 의견을 주고받고 있었으며 야기 선생의 말도
절제되어 있었다. 수업의 전개도 아주 느리게 진행되었으나
결코 초조해하지 않았다. 아이들은 한 사람 한 사람 개성 있

는 의견에 귀 기울이며 민감하게 반응하고 있었다. 교실은 이야기 공동체가 되었으며 하나하나가 서로 연결되어 주고받는 모습이었고 내용적으로도 여유 있게 전개되고 있었다.

이러한 변화를 가능하게 한 것은 야기 선생이 지명하고 응답하는 방식에 있었다. 야기 선생은 아이들이 손을 드는 것에 얽매이지 않았다. 한 사람 한 사람의 표정 변화를 받아들여 속삭임에 귀 기울이면서 손을 들지 않는 아이들도 발표하게 했다. 어떻게 발언해야 할지 몰라 망설이고 있는 여자아이에게는 그 아이가 말을 다 끝낼 때까지 침착하게 기다려 주었다. 다른 아이에게 전달되지 않은 것 같을 때에는 다시 그 이야기를 말해 주면서 교실 전체에 되풀이했다. 야기 선생의 활동은 '듣기', '연결하기', '되돌리기'를 중심으로 전개되었다. 부드럽게 전개된 수업이었다.

아이들은 '많이 팔리는 상품', '텔레비전에서 광고하는 인기 상품'이 점포 앞에 진열되어 있는 것은 이해했어도 두 개 편의점이 어떻게 판매할 상품을 결정하고 있는지는 이해하지 못하고 있었다. 30분도 넘게 반복되는 비슷한 이야기들을 야기 선생은 초조해하지 않고 받아들였다. 어떤 여자아이가 계산대에서 받은 영수증은 별도로 가게에도 남겨진다는 것을 말해 주자, 다른 아이가 편의점 계산대를 조사했더니 성별 연령별로 다르게 처리되고 있었다고 말했다. 연령별로는 12세에서 18세, 18세에서 25세, 25세에서 50세, 50세 이상으로 세분되어 있었다고 말한다. 다른 여자아이가 편의점 계산대에는 아침, 점심, 저녁 날씨가 비가 오는지 흐린지 맑은 지 기온이 몇 도인지까지 기록되어 있다는 것을 발견했다고 말한다. 계속해서 딴 얘기만 하고 있던 남자아이가 "계산대 의 기록은 본부에 즉시 보고된다고 가게 점원이 가르쳐 주 었어요."라고 말하자 한순간에 문제가 해결되었다. 수업 시 작한 지 70분이 지난 무렵이었다. 편의점 각 점포와 본사를 연결하는 컴퓨터의 역할에 대해서는 다음에 탐구해 보기로 하고 수업은 끝났다.

이 수업이 발전한 점은 오사무의 자세에서도 드러났다. 오 사무는 야기 선생에게 "3개월 전에는 사토 선생님께 '폐'를 끼쳤기 때문에 오늘은 혼자서 열심히 해 보겠습니다."라고 말하고 수업에 참가했다고 한다. 사실 오사무는 내가 서 있 는 반대 방향의 첫 줄 끝에 앉아서 처음부터 마지막까지 다 른 아이들 말에 귀를 기울이면서 두 번이나 손을 들고 발표 를 했고 친구들과 서로 이야기하면서 참여했다.

수업에 앞서 편의점을 조사하는 활동에서 야기 선생은 몇 번이나 간절히 요청했지만, 점원이 있는 곳에 들어가지도 못 하고, 계산대의 기계를 관찰하고 사진을 찍는 것도 허락받 지 못했다. 계산대의 컴퓨터 내용이 알려지는 것은 본사에 서 금지하는 사항이라 안 된다며 거절당한 것이다. 그런데 아이들은 특유의 애교로 가볍게 그 문제를 해결하고 치밀한 조사 활동을 해낸 것이다. 그 성과를 충분히 살려 낸 수업이 었다. 야기 선생의 교실 변화는, 지금 전국의 교실에서 진행되고 있는 서로 배우기를 중심으로 한 수업 개혁이 어떤 절차로 실현되는지를 보여 주는 것이어서 아주 흥미롭다. 일본 교실에 퍼져 가는 조용한 문화혁명은 이 야기 선생의 교실처럼 진행되고 있다.

아이들을 성실하게 대하기

1. 있는 그대로 받아들이기

수업 만들기의 전제로 교사에게 필요한 자질이 있다면 아이들을 성실하게 대하는 것이다. 아이들의 배움에 성실하다는 것은 교사의 성실한 관계를 말한다. 시부야 미와코渋谷美和子 선생은 이러한 성실함이 몸에 배어 있는 여교사이다. 그래서 시부야 선생의 수업은 언제나 마음 편하게 참관할 수 있고, 아이들의 태도도 자연스럽고 시원시원하다.

그런데 이런 시부야 선생도 담임했던 5학년 교실에서는 제대로 수업을 할 수 없었던 안타까운 기억이 있다. 이 아이들은 3학년 때 학급 붕괴를 경험했고 4학년 때는 다소 침착해지긴 했어도 시부야 선생이 담당했던 초기에는 아이들의 언행이 난폭했고 하교 후에는 여러 가지 사건을 일으켰다.

시부야 선생이 근무하는 학교는 호쿠리쿠北陸 지방 도시

교외에 있는 신흥 주택지에 있었다. 아이들 대부분은 타 지역에서 전입한 경우가 많았고 그야말로 황폐한 여건에 처한 학교라고 할 수 있다. 실제로, 아이들 사이에 일어나는 작은 문제들이 급속히 부모를 끌어들여 성가신 문제로 발전하기도 했다. 전 담임은 "이 아이들은 통제가 어려우니 꼭 남자 선생님으로 배치해 주세요."라고 당부했다. 이런 우려에 개의치 않고 담임을 맡은 시부야 선생은 차분하게 아이들을 받아 주는 길밖에 없다고 마음을 굳게 먹었다.

학급 붕괴를 경험했던 아이들에게 '힘'으로 대처한다는 것은 역효과라고 생각했다. 시부야 선생은 주도면밀한 계획으로 그 학급을 맞이하려 했다. 우선 아이들 태도 하나하나에 세세하게 주의를 주는 것보다 수업 속에서 조금씩이라도 배움의 즐거움을 경험하게 하고 아이들에게 더욱 잘하려고 하는 마음가짐을 길러 주고 싶었다. 학급이 차분해지려면 어림잡아 가을까지는 시간이 걸린다. 초조함은 금물이다. 가정에서 심각한 문제를 일으키는 아이가 몇 명이나 있을지 모르나 아직은 있는 그대로 아이들을 받아 주고 개선해야 할 것은 아이와 상담을 하되 부모에게 전달하는 것은 가능한 하지 않기로 했다. 교사의 말을 솔직하게 받아들이지 않는 부모와 관계가 틀어지면 사태를 점점 악화시킬 뿐이기 때문이다.

2. 적확한 대응

드디어 4월, 신학기가 시작되었다. 시부야 선생은 의외로 조용하게 앉아 있는 아이들의 침묵이 오히려 무서웠다. 거칠어진 마음과 답답함을 가슴속 깊이 쌓아 두고 솔직하게 표현하지 않기 때문이었다.

조용한 교실에서 수업이 시작되었지만 잘 보면 계속해서 마음에 걸리는 것이 있다. 우선 아이들은 수업을 하기 위해 자리에 앉는 순간 표정이 사라진다. 시키지 않으면 발언을 하지 않고 행동하지도 않는다. 누군가가 발표를 해도 무반응이다. 정중하게 말을 걸면 듣고 있는 시늉은 하는데 내용이 전달되지 않는 일도 허다하다. 모두 앞에서는 거의 불만을 표시하지 않지만 한 사람 한 사람과 만나 들어 보면 다른 아이들에 대해 이러저러한 불만을 갖고 있었다. 그리고 학력은 놀라울 정도로 낮았다. 산수 표준 학력 시험에서 측정한 것을 보면 22명 학급에 5단계로 되어 있는 성적에서 4단계 이상인 아이는 겨우 2명이고 2단계 이하인 아이가 10명도 넘었다. 지난 2년간 겪은 상처의 정도가 심각하다는 것을 알 수 있었다.

시부야 선생은 학습 기능을 익히기 전에 자연스럽게 학습하는 분위기를 만드는 것이 우선이라고 판단했다. 우선은 '서로 듣는' 관계를 구축하는 것이 중요했다. 그래서 수업에서는 다음의 것에 집중하기로 했다.

첫째, '훌륭한 것'을 발언하게 하기보다도 '멋진 것'을 발언하는 것을 소중히 여기는 일이다. '재미있다', '멋지다', '대단하다' 하는 응답이 자연스럽게 나오도록 대응하는 것이 열쇠라고 생각한다. 둘째, 항상 아이들에게 무리 없는 필연적인 전개가 되고 있는지를 음미하면서 수업을 진행하는 것이다. 셋째, 아이들의 발언을 들을 때는 그 발언이 그 아이의 내면의 무엇과 연결되어 있는지, 누구의 어떤 발언에서 촉발되어 나왔는지, 배우고 있는 내용의 어느 곳과 연결되어 있는지에 주목하며 듣고자 했다. 넷째, 아이들이 자기들끼리 발언을 연결하면서 이해할 수 있을 때까지는 교사가 연결하는 역할을 철저히 한다. 다섯째, 아이들 전체의 이해 수준을 높이는 것보다 우선은 한 사람 한 사람이 다른 아이의 의견을 듣고 '그렇구나!' 하고 생각하고, 자기 나름의 이해 방식을 만들어 낼 수 있도록 노력한다. 이와 아울러 여섯째로 특별히 이해 속도가 더딘 아이 5명은 점심시간과 방과 후에 개별적으로 지도하기로 한다.

3. 수업 만들기

그로부터 8개월 후, '서로 듣는' 관계를 착실하게 길러 온 덕분에 지금은 아이들 대부분이 자기 생각을 솔직하게 표현할 수 있게 되었다. 수업 내용을 잘 이해할 수 없으면 곧 거칠어지고 난폭해져서 시부야 선생에게 "똥할망구!"하며 소리를 질렀던 가쓰야克哉도 지금은 차분하게 생각할 수 있게 되었다. 그러나 뭔가 만족스럽지 않았다. 수업 중에 서로 영향을 주고받는 흐름이 분명히 생겨나지 않았고, 서로 대화하는 데에서도 (서로의 사고를 촉발하는) 탄력 있는 리듬이 생기지 않았다. 도대체 왜일까. 이런 의혹을 푸는 데 동료 교사들이 틀림없이 도와줄 것이다. 시부야 선생은 산수 수업을 비디오로 기록해서 동료들과 사례 연구를 했다.

단원은 '평균'. 체육 시간에 하는 미니 농구 게임에 아이들이 푹 빠져 있었기 때문에 다음과 같이 문제를 만들어서 서로 이야기하며 해결 방법을 찾도록 했다.

"한 사람이 다섯 번씩 공을 넣어서 세 모둠이 득점수를 가지고 승부를 결정하는 것입니다. 결석생이 있기 때문에 모둠 인원수는 3인, 4인, 5인이 됩니다. 그러면 '불공평하다'는 의견이 나오게 됩니다. 어떻게 해야 공평할까요?"

아이들에게 자신의 생각을 공책에 적어 보라고 요청했다. "한 사람이 다섯 번씩 공을 넣는 거니까 불공평한 건 아니다.", "득점을 합해서 비교하자.", "합한 점수를 사람 수로 나눠서 비교해 보자."는 세 가지 의견이 나왔다. 앞의 두 의견은 실은 같은 유형이므로 세 번째 생각에 근거해서 서로 이야기하자고 했다.

아이들 대부분이 저항하지 않고 발언하기 시작한 단계였다. 소곤소곤 말하는 소리가 들리더니 한 사람씩 산발적으로 하는 발언이 이어졌다. "사람 수가 다르니까 불공평해. 사람 수를 어떻게 하지 않으면 안 돼.", "세 사람과 다섯 사람이라면 다섯 사람 쪽이 훨씬 유리하니까.", "어떤 모둠에 한 사람이라도 더 있으면 불공평하니까 득점을 사람 수로 나누면 좋겠다." 여기까지 진행되었을 때 도시키俊樹를 보니 크게 하품을 하고 있었다. 도시키에게는 여기까지가 한계였다. 요시오良夫가 "가장 많이 득점한 모둠의 의견을 듣고 결정하자."라고 말했다. 그러자 "득점을 합해서 비교하자."고 대답했던 아이들도 두런두런 말을 하기 시작했다. "많은 인원이 던지니까 많은 수로 나눠도 달라지지 않을 거 아냐?", "그래도 모두 다섯 번 던지게 되니까 마찬가지라고 생각해.", "세 사람과 다섯 사람 모둠은 던지는 횟수가 달라.", "인원수로 나누지 않으면 역시 인원수가 적은 쪽이 불리해."

이렇게 해서 "득점을 합한 인원수로 나눠 평균을 구하자."라는 의견이 모아질 무렵 말없이 앉아 있던 마유미眞由美가 "어째서 그렇게 나누면 불공평하지 않은 건지 모르겠어."라고 질문을 했고 '한사람 몫'을 '평균'으로 구하는 의견에 대한 발언이 이어졌다. 꽤 오랜 시간 이야기한 끝에 모두가 '납득'하기에 이르렀다. 머리를 너무 많이 쓴 미치요美千代와 고료伍良는 이제야 큰 하품을 하고 있었다.

며칠이 지나고 비디오 기록으로 수업을 다시 보면서 시부야 선생은 동료들과 함께 수업을 검토했다. 처음 들은 이야기는 수업을 시작하면 곧 엎드리는 기세이嵜声를 일어나게 한 것과 다른 아이들과 떠들고 있던 가쓰야의 변화였다. 처음에는 말을 하지 않고 활동을 하다가 모르는 것이 생기면 몇 번이고 칠판 앞에서 물어보고 의견을 확인하고 친구들의 의견을 듣고 있었다. 안심하고 배우는 관계를 만든 점이 이 아이가 변한 요인이다.

그렇지만 많은 아이들에게 이 교재는 어려웠다. 아이들이 미니 농구에 빠져 있다는 상황을 착안해서 설계했으나 이 소재는 '평균'의 양이 컵 안에 담긴 물의 양처럼 가시화되지 않아서 '고르게 하다'라는 평균의 개념을 감각으로 접근하게 했다. 득점에 따라 얻게 되는 한 사람당 득점수의 평균은 아무리 열 번 백 번 시도해도 통계적 확률의 이미지를 필요로 하는 난해한 개념인 것이다.

이것이 수업연구회에서 중심이 된 화제였지만 시부야 선생이 더욱 신경 쓰고 있던 것은 발언을 연결하는 것이었다. 확실히 한 사람 한 사람 소곤소곤 하는 발언이 계속되었으나 다양한 의견을 주고받음으로써 서로를 촉발해 가는 전개 과정이 보이지 않았다. 그러나 동료 교사들은 그 사실을 인정하면서도 오히려 소곤거리면서 말을 하는 아이들 대부분이 자신의 언어로 생각을 표현했고 더구나 분명히 서로 듣는 관계가 길러졌다고 평가했다. 아무리 답답하게 느껴도 협동하며 서로 탐구하는 관계를 만드는 데는 이런 단계를 밟는 것이 필요한 것이다.

물론 개선해야 할 점이 없지는 않다. 시부야 선생이 '연결

하는' 모습은 한 사람 한 사람의 발언을 다음에 전개해야
할 부분과 연결하고 있었으나 다른 아이의 의견과 연결하거
나 그 아이의 이전 생각과 연결하는 대응은 아니었다고 할
수 있다. 그 때문에 수업의 진행이 (울림이 있어 물결이 퍼져
나가는 것 같은 수업이 아니라) 직선적이고, 협동하며 탐구하
는 활동이 넓게 퍼져 나가지 못했다.

　아이들의 커뮤니케이션을 깊고 넓게 하려면 발언의 진행
을 '잡아끌듯 이끌어' 갈 것이 아니라 오히려 '끌어당겨 되
돌리는' 대응이 필요하다. 이 수업에서는 "모르겠어요." 하는
발언이 나오거나 "다른 의견도 들어 보자"는 발언이 나왔을
때 아이들이 오히려 '끌어당겨 되돌리는' 역할을 했다. 시부
야 선생이 '되돌리기' 대응을 민첩하게 한다면 아이들의 대
화가 더욱 다채롭게 울려 퍼져 깊이 있는 사고를 촉진시킬
것이다.

수업 스타일을 바꾸다

1. 수업 전환

많은 학교를 방문하면서 이전에 참관했던 교사의 수업이 크게 바뀐 것을 보면 더욱 즐겁다. 여름방학 시작 하루 전날 수업을 꼭 봐 주었으면 하는 교사가 있어 방문해 달라는 요청을 받았다. 도쿄 도 에도가와江戶川 구에 있는 고마쓰가와제2초등학교川小松第二小學校의 부탁이었고 수업을 참관해 달라고 한 교사는 후쿠다 아키코藤田晶子 선생이었다.

후쿠다 선생의 수업을 1학년 교실에서 참관한 것은 1년 전이었다. 솔직하게 말하면 훌륭한 수업이었다. 친구와 떨어져 각자 행복을 체험하는 수업이었는데 수업이라기보다는 퍼포먼스에 가까웠다. 떠들썩한 수업이었다. 후쿠다 선생은 마법사 복장을 하고 아이들은 이마에 주술적인 실을 붙이고 실 몇 개를 따라 빙글빙글 돌았다. 흥분한 아이들은 소리를 지르며 후쿠다 선생이 제안하는 게임을 흥미로워했다. 아무튼 떠들썩한 수업이었다.

이 수업에 대한 연구회에서 나는 "교사는 밝고 활기찬 교실을 만들려고 했는데 아이들이 원하는 건 밝고 활기찬 교실이 아니다. 아이들이 원하는 것은 침착한 배움, 편안하게 자신의 가능성을 열어 갈 수 있는 교실이다."라고 지적했다. 후쿠다 선생은 한눈에 봐도 성실하고 우수한 교사였다. 젊고 깔끔한 교사였고 이미 가진 정도 이상의 경험을 쌓아 갈 수 있는 교사였다. 이런 후쿠다 선생이 성실함과 우수함에도 불구하고 떠들썩한 수업을 했다는 사실이 나에게는 참을 수 없었다.

그런데 이런 나의 말이 "생각지도 못한 충격적인 한마디"였다고 한다. 그때까지 후쿠다 선생은 "밝고 활기찬 수업"을 추구하고 "밝고 활기찬 아이들"을 기르는 것에 추호의 의심도 품지 않았다. 그런 토대가 흔들리기 시작했다.

2개월 후 후쿠다 선생은 지카사키茅ヶ崎 시 하마노고초등학교浜之郷小学校를 방문해 니시오카 마사키西岡正樹 선생의 '한 송이 꽃'이라는 수업을 참관했다. 학교에 들어서자 후쿠다 선생은 놀라고 말았다. 학교 전체가 조용하고 침착했고, 여유 있게 시간 진행을 하고 있었다. 교사와 아이들의 움직임은 누구도 무리가 없이 자연스러웠고 부드러운 목소리가 서로에게 울림을 주고 있었다. 이런저런 교실을 방문해 수업을 참관해 보니 더욱 부드럽고 조용했다. 특히 니시오카 선생의 4학년 '한 송이 꽃' 수업을 참관하며 후쿠다 선생은 "지금까지 수업에서 맛볼 수 없었던 감동"을 받았다고 한다. 감동으로 온몸이 흔들릴 정도였다. 지금까지 일상의 배움 속에 쌓아 온 것을 교사도 아이도 지극히 자연스럽고 하나씩 조심스럽게 서로 표현하고 음미하고 있었다. 친구들의 말을 귀기울여 듣고 고개를 끄덕이며 자신의 마음속에 생겨난 말을 속삭이고 자신이 읽은 것을 표현하며 아이들도 친구들과 서로 연결되었다. 그러한 과정이 몇 번 이어지고 나서 니시오카 선생은 말을 했고 니시오카 선생의 말을 매개로 아이들은 자신의 이야기 세계를 넓혀 갔다. 그런 아이들의 자세를 보고 후쿠다 선생은 가슴이 벅차올랐고 감동의 눈물을 흘렸다. "과연 이것이 '서로 배우는' 수업이구나 싶어 감동했다."고 말했다. "저런 수업에 한 발짝이라도 다가가고 싶다. 스스로를 열고 새로운 공기를 불어넣자!" 이날부터 후쿠다 선생은 자신과 투쟁하기 시작했다.

2. 숨결의 교류

후쿠다 선생은 아이들 속에 서로 듣는 관계를 만드는 것부터 시작했다. 아이들 속에 서로 듣는 관계를 만들기 위해 후쿠다 선생은 자신이 먼저 아이들 한 사람 한 사람의 말을 정중히 들어야 했다. 큰 목소리 톤을 절반 정도로 낮추고 여유 있고 침착한 수업을 진행하게 되었다. 필요한 말을 최소

한으로 골라서 했고 교실에 부드러운 숨결의 교류가 생겨나게 되었다.

아이들이 안심하고 배우는 교실로 환경도 바꾸었다. 벽에 게시물도 아이들의 부드러움이 가득하도록 처리했고 책상은 ㄷ 자 형태를 기본으로 해서 아이들의 말이 잘 오갈 수 있도록 했다. 교탁을 교실 구석에 세워 놓고 칠판 앞에 의자를 한 개 놓아두어 아이들과 이야기할 때는 이 의자에 앉아서 눈높이를 맞추었다. 이렇게 하자 아이들의 표정이 변하고 몸동작이 부드러워지는 것을 느낄 수 있었다. 하마노고초등학교에서 후쿠다 선생이 느꼈던 "부드러운 시간의 흐름이" 후쿠다 선생의 교실에도 느껴지게 되었다. 아이들이 "저요! 저요!" 하는 시끄러운 소리는 사라졌고, 그다음에는 거의 모든 아이들이 조용하고 또박또박 말하게 되어 더욱 깊이 생각하게 하는 대화가 실현되었다. 이것이 하마노고초등학교에서 충격적인 체험을 한 후 6개월 동안 후쿠다 선생이 자신의 교실에서 시도했던 일이다.

3. 쌓이는 시간

후쿠다 선생이 담임을 맡은 고마쓰가와제2초등학교 2학년 교실을 방문했을 때, 나는 감동으로 몸이 떨렸다. 아이들은 수업 시작종이 울리기 전에 각자 교과서를 펴고 오늘의 텍스트인 〈흙 피리〉를 중얼거리면서 읽고 있었다. 그런 작은 목소리가 울리는 교실은 부드럽게 눈이 내려 쌓여 가는 것 같다. 이것이 8개월 전에 시끄럽게 소리 지르고 이상한 소리를 내면서 마법사 수업을 했던 교사와 아이들이었던가? 후쿠다 선생의 진지한 수업 구성을 느낀 나는 아직 수업이 시작하기 전인데도 나도 모르게 눈물이 났다. 이 교실의 변화는 경탄해야 할 일이기도 하고 사건이기도 했다.

수업은 〈흙 피리〉를 소리 내어 읽는 것으로 시작되었다. 8개월 전에는 큰 목소리로 다 함께 읽게 했었는데, 이번 수업에서는 각자 따로따로 작은 목소리로 자신의 리듬에 맞게 읽고 있었다. 이렇게 할 때 아이들이 텍스트의 언어와 만날 수 있고 읽기와 이미지를 자신의 마음속에 생기게 할 수 있다. 세 번 반복해서 전체를 읽고, 읽기가 끝난 아이는 친구들이 읽기를 마칠 때까지 조용히 기다리고 있었다. 친구들이 읽는 소리를 들으면서 친구들의 읽기가 끝나기를 기다리던 광경을 보니 이 교실에서 아이들이 서로 듣는 관계를 형성했음을 알 수 있었다.

〈흙 피리〉는 전쟁을 하고 있는 남쪽 나라 병사와 북쪽 나라 병사가 각자 고향에서 양과 소를 몰며 불던 피리 소리가 그리워 흙으로 만든 피리를 참호에서 불며 서로 소리를 맞춰 가는 이야기이다. 후쿠다 선생은 합창을 아주 좋아하는 반 아이들이 이 이야기에서 표현되고 있는, 소리를 서로 맞추는 아름다움을 느낄 수 있기를 바라며 이번 수업에

임했다.

　마지막 아이가 읽기를 마치자 어떤 아이가 전 시간 수업에서 던졌던 질문을 오늘 수업의 과제로 설정했다. "어째서 두 사람은 숨어 있다는 것을 잊어버린 것일까요? 그때 두 사람의 기분을 상상해 봅시다."라고 칠판에 쓰니까 아이들은 맛있는 음식을 먹게 된 듯 싱글벙글하며 읽기 시작했다. 텍스트와 관련된 부분을 아키토明人와 와코和子, 지로次郎가 소리 내어 읽은 후 프린트에 자신의 생각을 적는 활동에 들어갔다. 조용한 가운데 또각또각 연필 소리, 몇몇이 소곤거리는 소리, 작은 목소리로 서로 이야기하는 소리가 들린다. 그 사이에 후쿠다 선생은 어려워하는 모습을 보인 아이에게 다가가 활동을 도와주었다.

4. 서로 영향을 주는 교실

　활동을 마친 시점을 기다려 한 사람 한 사람 의견을 들었다. 제일 먼저 모리오守男가 몸을 흔들면서 "피리를 들어도, 전쟁 중이니까 멸망할 것 같아요."라고 한다. 모리오는 다투는 이미지가 꽤 강하게 느껴졌나 보다. 계속해서 요시코良子가 "피리 소리를 듣고 친해지지 않았을까 하는 생각이 들어요."라고 하니까, 가즈요和代는 "'숨바꼭질' 하는 것 같아요." 하고 참호에 숨어 있던 두 병사의 감정을 표현한다. "화해하고 싶어 해요."라고 사토코智子가 덧붙이니까 도치藤地가 다른 각도에서 묻는다. "흙 피리는 어째서 멋진 소리가 날까?" 하는 말을 듣고 후쿠다 선생은 피리 소리가 고향에서 불던 피리 소리를 생각나게 해 준다는 것을 교과서에서 확인시키고 있다. 그 직후에 마치眞知가 "고향은 점점 잊게 되고, 적이 아니면 좋을 텐데……."라고 답하자, "그래도 멋진 소리였다고 생각해."라고 신이치新一가 잇는다.

후쿠다 선생이 "그 후 두 사람은 어떻게 되었을까?" 하고 질문했다. 나오토直人가 "두 사람, 서로 말을 알아들었을까?"라고 묻자, 아이들이 피리 소리를 중심으로 한차례 의견을 주고받는다. "아마 소리가 좋으니까 두 사람은 더 이상 적이 되지는 않을 거야.", "피리 세상이 생긴 것 같아?", "'피리 세상'이라고? 피리가 가득한 세상 말이지?" 하는 의견과 조금 다른 이야기지만, "가게 주인을 만났는데 흙 피리가 있대." 하는 의견이 오고 간다. 후쿠다 선생은 "아이들의 말을 연결하는 수업을 하고 싶다"라고 지도안에 기록했는데, 아이들의 말은 교실에서 충분히 서로 영향을 주고받고 있었다. 아이들의 의견 교환은 아직도 계속되고 있으나 급식 준비 때문에 수업을 끝내야 했다. 후쿠다 선생이 "자, 여기서 마칩시다." 하고 말하자 거의 모든 아이들이 손을 들고 "다음 시간에는 이야기를 들어 주세요."라고 요청했다.

교실 참관을 계속하다 보면 후쿠다 선생의 교실이 변화하듯 감동적인 사건을 만나게 된다. 겨우 8개월 만의 변화인데도 후쿠다 선생도 교실 아이들도 배움의 양식을 자신의 스타일로 하고 있었다. 후쿠다 선생은 아이 한 명 한 명과 서로 영향을 주고받으며 성장하고 있는 것이다.

"모르겠어요"라고 말할 수 있는 교실

1. 이해하지 못하는 아이를 중심으로

서로 배우는 수업을 창조하는 교사는, 교실에서 주변적 위치에 있는 아이를 커뮤니케이션의 중심에 두는 방식을 취한다. 교과 학습을 어려워하는 아이, 교실에서 잘 어울리지 못하는 아이, 수업에 참여하는 것을 어려워하는 아이 등 어느 교실에나 주변적인 아이들은 있다. 이러한 주변적인 아이들과 다른 아이들의 어긋남 속에서 협동과 탐구가 생기게 하는 가능성을 통찰해 내고, 겉도는 이 아이들을 중심에 놓고 수업을 설계할 수 있는 교사는 많지 않다. 겉도는 아이를 중심에 두기 위해서는 그 아이를 존중해야 하고 교사가 깊이 공감해야 하며 무엇보다도 아이가 성장하기를 바라는 교사의 마음가짐이 없으면 안 된다.

겉도는 아이를 중심에 두고 전개한 수업 하나를 소개해 보겠다. 니가타新潟 현 나가오카長岡 시 구로조초등학교黑条小

學校의 고바야시 오시에고小林敎子 선생의 산수 수업인데 단원은 6학년 '비율'이다. 이 학교는 4년 전부터 모든 교사가 매년 몇 번씩 동료들에게 수업을 공개하고 있고, 아이들은 차분하게 서로 듣고 각자의 생각을 정성스럽게 나누는 수업 만들기에 도전하고 있었다. 지금은 어느 교실을 들어가도 겉돌던 아이가 친구들의 지지로 자연스럽게 배우게 되었으며, 그에 따라 모든 아이들이 질 높은 탐구 활동을 하는 모습을 관찰할 수 있다. 고바야시 선생의 수업은 이러한 수업의 전형이라고 할 수 있다.

고바야시 선생 수업의 특징은 말에 군더더기가 없고, 숙려하여 선택한 단어들로 이야기를 한다는 점이다. 그 세련된 말하기 덕분에 아주 세세한 내용까지 귀 기울여 듣는 아이들을 길러 낼 수 있었다. 오늘 수업 내용은 '비율'이다. 6학년이 되었어도 분수를 못한다고 생각하는 아이들이 많아 '비율' 수업을 정성스럽게 하고 싶다고 생각한 고바야시 선생은 다양한 생각을 주고받으며 차분하게 서로 검토하는 수업을 준비했다.

"840밀리리터 주스가 있습니다. 물과 주스의 비율이 5:2입니다. 물과 주스는 각각 몇 밀리리터일까요?" 지난번 수업에서 아이들은 자신의 풀이 방법을 써서 보여 주는 활동을 했다.

아이들은 네 가지 방법으로 해답을 구했다. 그 네 가지에 대해 의견을 주고받으며 '비율'의 양적 의미와 계산의 의미를 이해하는 것이 이번 시간의 목표였다. 고바야시 선생이 "설명해 줄래?" 하고 묻자, 아이들 대부분이 조용히 손을 들었다. 처음에는 좀 더 이해하기 쉬운 방법으로 계산했던 아야코綾子가 지명을 받았다. 아야코는 지명받자 재빨리 들었던 손을 내리고 작은 목소리로 "풀긴 했는데요, 설명은 못 하겠어요."라며 좀 더 시간을 갖고 싶다는 의사를 표시했다.

그때 다른 아이가 "저요, 저요!" 하며 손을 들지 않는 것이 이 수업의 훌륭한 점이다. 고바야시 선생이 아야코에게 "공책에 쓰여 있지? 그거 가지고 와서 좀 볼 수 있게 해 줄래?" 하며 격려하자 아야코는 머뭇거리면서 칠판 앞에 서서 자신에게만 들릴 작은 목소리로 설명하기 시작했다. 듣고 있던 아이들은 속으로 아야코의 말을 반추하면서 한 마디 한 마디에 고개를 끄덕이고 있다. 설명은 완벽했다. 2:5로 나누어진 선분도를 보여 주면서 아야코는 '840÷(5+2)=120'이라는 식과 풀이를 설명했다.

고바야시 선생이 "아야코, 못 하겠다고 하더니 잘하네."라고 말하자 교실에 밝은 웃음소리가 가득 찼다. 그때 맨 앞자리에 앉아 있던 겐지健治가 "저는 하나도 모르겠어요."라며 곤란한 표정으로 고바야시 선생에게 말했다.

2. "모르겠어요"의 훌륭함

지금까지 많은 교실을 참관했지만 잘 모를 때 "모르겠어요." 하고 물어볼 수 있는 교실은 많지 않았다. 이 교실에서처럼 모두가 납득해서 다음 진도로 넘어가려는 순간 "저는 하나도 모르겠어요." 하고 솔직히 말할 수 있는 겐지는 훌륭하다. 그리고 그런 겐지를 받아들여 주는 아이들도 훌륭하다. 게다가 겐지의 말을 듣고 겐지의 의문을 중심으로 수업을 진행하기로 결단을 내린 고바야시 선생도 훌륭하다. "어디를 모르겠니?"라고 묻는 것은 가장 어리석은 짓이다. "어디를 모르겠는지" 아이와 함께 탐구해야 한다.

고바야시 선생은 "잘 들어요." 하고 겐지에게 말한 뒤, "누구, 아야코 대신 겐지에게 설명을 해 줄 사람?" 하고 손을 들 것을 요청했다. 맨 처음 가즈시和志가 설명을 했다. 가즈시는 아야코가 했던 선분도를 사용해 가면서 전체가 7이고 840밀리리터니까 나누면 하나의 몫은 120이고, 물은 비율이 5니까 600밀리리터, 주스는 비율이 2니까 240밀리리터라고 요령을 잘 설명했다. 이 설명을 들은 겐지는 "840÷(5+2)는 어떻게 해서 나온 거야?"라고 다시 물었다. 아무래도 겐지는 식의 의미를 모르는 것 같다. "나는 덧셈도 뺄셈도 곱셈, 나눗셈도 도대체 뭐가 뭔지 헛갈려 죽겠어." 하고 작은 소리로 중얼거리고 있다. 역시 그랬다. 겐지는 전 시간 수업에서 다룬 이 문제를 풀지 못했던 것이다.

가즈시에 이어서 요시코가 겐지가 알아들을 수 있도록 식의 의미를 설명했다. "물과 주스가 5:2지. 전체가 7이 되니까 여기서 괄호 안의 5+2가 나온 거야." 그 설명을 듣는 도중 겐지는 "응, 어렵네." 하고 작은 목소리로 투덜거렸다. 여기서 미키美紀가 "응, 그럼 전체가 840밀리리터라고 쓰여 있지?" 하고 설명을 이어 간다. "그건 알아. 문제에 쓰여 있으니까."라고 하는 겐지. 그 소리에 자신감을 얻은 미키는 "물이 5고 주스가 2니까 선분도를 보면 전체가 7이잖아." 하고 계속한다. 겐지는 또 "응······. 그런데 잘 모르겠어." 하고 말하자 미키도 어이없어 말을 못 하고 있다. 이렇게 해서 다음 또 다음 아이들이 전체를 7로 설명하거나 840밀리리터로 설명하면서 선분도의 의미를 설명하려고 했으나 겐지는 아무리 해도 840밀리리터를 (5+2)로 나누는 것의 의미와 그 나눈 수 120밀리리터에 5를 곱하거나 2를 곱한다는 의미를 이해하지 못하는 것 같았다.

그러나 도중에 겐지는 "내가 모르겠는 것은 어째서 곱하느냐는 거야. 5를 곱하는 거와 5를 더하는 건 마찬가지 아니야?"라고 말하고 나서부터는 이해가 빨라졌다. 그래도 겐지가 뭔가를 좀 알게 된 것은 20분 가까이 지나고서부터였다. 겐지가 납득했다는 것을 확인한 고바야시 선생이 "원래 3분 동안 하려던 것이 20분이나 걸렸네요." 하고 말하자 다시 교실이 밝은 웃음으로 가득 찼다.

계속해서 두 번째 풀이 방법으로 미치코美智子는 칠판

에 자신이 쓴 종이를 붙이고 주스의 양을 x를 써서 'x÷840=2/7, x=840×2/7=240', 같은 방식으로 물의 양을 y라고 해서 "y÷840=5/7, y=840×5/7=600"이라는 풀이 방법을 제시했다. 이 부분에서는 많은 아이들이 곤혹감을 숨기지 못했다. 문자식에 의한 풀이 방법은 아이들 대부분이 아직 경험해 보지 않은 방법이었던 것이다. 고바야시 선생이 "조금 어렵지요?" 하고 말하자마자 미치코가 "나는 조금이 아니라 전혀 모르겠어."라고 중얼거리며 거의 포기한다. 그 후 몇 번이나 미치코에게 묻고 답을 들으며, 미치코가 "6÷2=3이고 2×3=6이니까 x÷840=2/7라면 x=840×2/7가 되는 거야." 하고 설명하자 아이들은 간신히 어려움을 해결할 수 있었다. 물론 겐지는 질문하려고도 하지 않았다.

3. 수업의 역동성

마사코牧子가 보여 주었던 세 번째 풀이 방법은 보다 단순화되고 세련된 방법이었다. 전체를 1로 하는 선분도를 제시했을 뿐 아니라 '840×2/7=240, 840×5/7=600'이라는 식으로 푼 것이다. 이 풀이 방법에 대해서는 절반 이상 아이들이 '왜 전체의 양에 2/7 혹은 5/7를 곱하는 것인지'를 모르겠다고 한다. 마사코에게 설명해 보게 했으나 마사코의 설명에 어떤 아이도 납득하지 못했다.

그때 고바야시 선생도, 관찰하면서 기록을 하고 있던 나도, 예측하지 못했던 일이 생겼다. 겐지가 "선분도만은 알아." 하고 중얼거리면서 "내가 설명하면 모두 알아듣지 못하게 될 텐데……." 하고 미안해하면서 칠판 앞에 서더니 설명하기 시작했다. "여기가 전체로 840밀리리터죠. 거기에 이것이 5:2니까 분모를 전체로 하면 5/7와 2/7가 되죠. 여기가 물로 5/7이고 여기가 주스로 2/7. 그래서 840밀리리터를 분모로 해서 7로 나누고 분자인 5를 곱하면 물의 양이 나오고 분모의 7로 나누고 분자인 2를 곱하면 주스의 양이 되는 거 아닌가요? 저기……, 내가 괜히 쓸데없이 말해서 알아들을 수 없게 한 것 같네. 미안……."

그렇게 말하고 겐지는 자기 책상으로 돌아갔다. 시간이 1분 남았으나 이 수업 최고의 장면이었다. 고바야시 선생이 "이해한 사람?" 하고 묻자, 모든 아이들이 "이해했어요." "멋지다!" 하고 손을 들었다. 겐지는 그래도 "미안……. 쓸데없이 말해서 알아들을 수 없게 한 것 같네."라고 쑥스러워하더니 "저는 잘 이해했어요." 하고 활짝 웃었다. 그렇게 수업이 끝나고 하나 더 남은 풀이 방법은 다음 시간에 해 보기로 했다.

수업 전체를 돌아보면 이 수업의 역동성이 잘 보인다. 겐지가 어려워한 것은 '나누기'보다는 '분수'의 의미를 이해하지 못했기 때문이다. 그 어려움은 많건 적건 이 교실 아이들에게는 공통적인 것이다. 그런데 겐지는 이 어려움을 초반

20분에 친구들과 커뮤니케이션을 하여 극복했고, 그 배운 내용을 마지막에 설명하는 것으로 살려 냈으며, 다시 친구들이 커뮤니케이션을 할 수 있는 계기를 만들었다. '이해하지 못하는 아이'가 있는 교실, '이해하지 못하는 아이'를 살리는 교사는 이처럼 역동적인 수업 전개를 준비하고 있다.

제2장
개인과 개인을
연결하다

부드럽게 서로 영향을 주는 교실

1. 한 사람 한 사람의 존엄에서부터

서로 배우는 관계를 만들어 가기 위해서는 서로 듣는 관계를 기르지 않으면 안 된다. 그러나 서로 듣는 관계는 무엇으로 어떻게 구축하면 좋을까? 교사들은 누구든 듣기 지도가 얼마나 어려운지를 잘 알고 있다. 듣기 지도는 "잘 들어요."라고 지시하는 것만으로 달성할 수 있는 것이 아니기 때문이다. 게다가 많은 교사가 행하고 있는 듣기 지도를 아무리 쌓아 간다고 해도 교실에서 서로 듣는 관계는 길러지지 않을 것이다. 교사가 행하고 있는 듣기 지도 대부분은 교사의 말을 아이들이 잘 듣도록 하는 지도이며 아이들 상호 간에 서로 듣는 관계를 기르는 지도가 아니기 때문이다.

아이들 간에 서로 듣는 관계를 기르는 첫 번째 요건은 교사 자신이 아이 한 명 한 명의 목소리를 정중하게 듣는 일이다. 교사 자신이 최고의 청취자가 되는 일 외에 교실에 서로 듣는 관계를 기르는 유효한 방법은 없다. "우리 반 애들은 조금도 들으려 하지 않아요."라며 푸념을 늘어놓는 교사는, 자기 자신이 얼마나 아이들의 목소리를 듣고 있지 않는지를 무자각적으로 토로하는 것에 지나지 않는다.

아이들 상호 간에 서로 듣는 관계가 무엇에 의해 성립하는지를 보여 주는 한 사례로 지카사키 시 하마노고초등학교 야마자키 사토시山崎悟史 선생의 수업을 소개하겠다. 하마노고초등학교는 개교 이래 '배움의 공동체 만들기'를 창설 이념으로 내걸고 교실에 서로 듣는 관계를 구축하는 일을 수업 만들기의 출발점으로 삼아 왔다. 그 하마노고초등학교가 개교하던 해에 신규로 부임한 야마자키 선생은 교사로서 교단에 선 그날부터 서로 듣는 관계를 수업 만들기의 기본으로 삼아 왔다.

야마자키 선생이 이 학교 선배 교사들과 나를 놀라게 한 것은 신규 교사임에도 불구하고 가을 무렵 담임을 맡은 3학년 교실을 이 학교 28개 교실 가운데 가장 부드럽게 서로 듣는 관계가 형성되는 교실로 만들어 냈다는 점이다. 하마노고초등학교 1년째 수업 개혁은 야마자키 선생의 교실에서 배우는 것을 기초로 전개했다.

신규 교사인 야마자키 선생이 도대체 어떻게 했기에 교실에서 부드럽게 서로 듣는 관계를 기르는 일이 가능했던 것일까? 여기에 서로 듣는 관계를 만드는 지도 비밀 하나가

숨어 있다고 생각한다. 많은 교사들이 이 비밀을 찾으려고 야마자키 선생의 수업을 참관하지만 거기에서 그들이 본 것은 한 사람 한 사람의 중얼거림을 있는 그대로 받아들이는, 마음을 비운 야마자키 선생의 자세였다. 수업을 창조하는 교사의 역량에서 전문적인 지식이나 수업 경험은 30퍼센트에 불과하다. 나머지 70퍼센트는 아이들의 사고나 감정을 어느 정도 존중하고 아이 한 명 한 명의 숨은 가능성을 얼마나 끌어낼 수 있는가에 달려 있다. 야마자키 선생의 수업을 참관하면서 나는 수업 만들기의 70퍼센트가 아이들 한 명 한 명의 존엄에 대해 교사가 어떻게 이해하고 대처하는지에 있다는 것을 배웠다.

2. 아이에게서부터 전개

그 야마자키 선생이 교직 3년째 겨울에 공개한 1학년 교실, 국어 '무지무지 좋아요' 수업이다. 수업 시작 5분 전 교실에 들어서자 부드러운 목소리들이 서로 섞여 들려온다. 아이들을 보니 마치 작은 꽃들이 만발한 작은 들판 풍경 같다. 이날은 공개연구회도 아닌데 전국에서 100여 명에 가까운 교사가 이 학교를 방문하여 아치형으로 앉은 38명 아이들을 둘러싸고 있다.

그 뜨거운 시선에 긴장하는 기색도 없이 아이들은 언제나

처럼 야마자키 선생이 "자, 이제 시작합니다."라고 하자 "좋아요."라고 대답하며 수업에 들어갔다. "자, 장면 네 개를 한 사람 한 사람이 자기 방식으로 몇 번이고 읽을 수 있겠지?"라고 야마자키 선생이 말하자 아이들은 교과서를 세우고 각자 방식으로 소리 내어 읽기 시작한다. 손에 책을 들고 그것을 보며 읽는 아이, 야마자키 선생이 모조지에 작성하여 칠판에 붙여 놓은 텍스트를 읽는 아이, 기분 좋게 큰 소리로 읽는 아이, 속도에 맞추어 빨리 읽는 아이, 자기 자신에게 이해시키듯 천천히 읽는 아이, 몇 가지 시간과 몇 가지 공간이 한 교실에서 소리가 되어 서로 울려 퍼진다.

아이 한 명 한 명을 보며 충분히 다 읽었다고 확신한 야마자키 선생은 "그럼 이제 한 사람이 읽어 줄래?"라며 처음에는 후미코文子 다음은 이쓰키一樹 그리고 마지막에는 마리茉莉를 지명했다. 한 사람이 읽고 있는 동안 옆 친구들은 교과서를 보지 않고 읽고 있는 아이를 바라보고 있지만 자신의 교과서를 파고들 것처럼 뚫어지게 보는 아이도 있다. 한 사람 읽기가 끝나자 고개를 끄덕이는 아이와 미소를 짓는 아이, 생각하는 모습을 취하는 아이 등 이 또한 실로 각양각색이다. 그 조용한 공간에 야마자키 선생의 "고마워요."라는 말이 기분을 좋게 만든다. 후미코, 이쓰키, 마리의 읽기를 비교하자면, 읽기 속도가 빠른 아이에서 늦은 아이로, 명확하게 표현하는 읽기에서 조용한 내성적인 읽기로 변화하고 있다. 야마자키 선생의 세심한 숙려와 예측이 빛나는 구성이다.

야마자키 선생은 "지금부터는 생각해 봤으면 좋겠어요. 이번에는 앉은 채로 또 한 번 한 사람 한 사람이 천천히 읽어 줄래요? 지금부터 네 장면을 중요하게 보면서 생각하고 생각하면서 읽읍시다."라고 얘기한다. 한 사람 한 사람 각자 읽기를 숙성시키고 발효시키는 것이다. 그러고 나서 "이제 이야기를 들려줄래요?"라고 발언을 독려하며 서로 이야기하는 것으로 수업을 전개했다.

이 소리 내어 읽는 장면 하나를 보더라도 야마자키 선생의 수업이 얼마나 정성스럽게 진행되고 있는가를 알 수 있다. 이 한 장면 속에는 서로 듣는 관계가 만들어지는 요건이 몇 가지나 포함되어 있다. 우선 야마자키 선생의 말에는 단 한 마디도 불필요한 말이 없다. 말 한 마디 한 마디에 깊은 배려가 담겨 있고, 그리고 천천히 말을 한다. 게다가 야마자키 선생의 말에는 아이들에 대한 경애로 가득 차 있다. 여기까지는 전부 야마자키 선생의 지시에 따라 전개되고 있지만 명령형은 한 마디도 없다. 모두가 의뢰와 감사의 말이다. 더욱이 그 말은 결코 아이들에게 잘 보이려 하는 것도 아니다. 한 명 한 명 스스로 충실하게 읽는 일(텍스트와의 대화)을 중심에 두고 요구하고 있기 때문이다.

3. 서로 영향을 주다

"자, 이야기를 들려주세요."라고 야마자키 선생이 말하자, 한 명 한 명 읽기를 교류하는 서로 이야기하기로 들어갔다. 발언 대부분이 "~부분에서, 내가 생각한 것은……." 하는 식으로 표현되었는데, 1학년이라고는 하지만 텍스트에 입각하여 발언하는 것이 규칙으로 정착되어 있음을 알 수 있었다. 배움은 텍스트와의 대화이며 타자와의 대화이며 자기 자신과의 대화이다. 야마자키 선생의 수업은 아이 한 명 한 명이 텍스트와 대화를 충분히 나눈 뒤 그 읽기를 친구와 서로 주고받음으로써 발전시키는 방식을 취하고 있다.

이 수업의 네 장면은 '나'가 제일 좋아하는 개 엘프가 밤중에 죽은 장면이다. 도시코敏子가 "'나'가 가여워요."라고 하자, 요시키芳樹가 "엘프 모습이 떠올라요."라며 발언했다. 다쿠로卓郎가 "'무지 좋아요'라는 말은 두 장면에나 있어요."라고 지적하자 야마자키 선생은 "각자 자기 방식으로 읽고 이야기해 줄래요? 지금 다쿠로는 두 장면과 연결 지어 이야기해 주었네요."라고 '연결하기' 말을 덧붙인다. 그러자 가즈야一哉가 "두 번째 장면에도 네 번째 장면에도 '무지 좋아요.'라고 쓰여 있지만 이 이야기의 마지막에는 이 이야기 제목과 같이 '무지무지 좋아요'라고 쓰여 있어요." 하며 발견할 것을 이야기한다. 그 발언을 받아 쇼코昌子가 "엘프를 산소가 아니라 정원에 묻는 것은 항상 가까이에 있고 싶기 때문이에요."

라고 말을 잇는다.

이렇게 "~부분에서, 내가 생각한 것은……."으로 시작해 38명 거의 전원이 각자가 읽은 것을 교류하고 있다. 참관하는 교사들에게는 작은 소리에 불과하지만 아이들 사이에서는 충분히 서로 들을 수 있어서 한 사람 한 사람의 목소리가 공감과 촉매가 되어 서로 어우러져 울려 퍼진다. 참관하고 있는 교사들 입장에서는 수업이 너무 천천히 진행되어 답답했겠지만 아이들에게는 어느 것 하나 무리가 없다. 아이들은 38명 친구가 읽는 것을 들으면서 텍스트 단어 하나하나를 확실히 익히고 있는 것이다.

그러나 야마자키 선생의 입장에서 본다면 이 수업은 성공한 것이 아니다. 야마자키 선생은 엘프의 죽음에 대한 '나'의 슬픔이 가족(아버지, 어머니, 형, 누나)과 비교하여 각별히 깊은 점을 이 네 가지 장면에서 읽어 내기를 바랐다. 그러나 아이들은 '나'와 '엘프'에 대한 공감으로 가득 차 가족과 비교하는 것은 생각에도 없다. 야마자키 선생은 도중에 삽화에 주목시켜 죽은 엘프를 둘러싼 가족의 위치에서 '나'와 '다른 가족'을 비교하는 것을 시도해 보지만 아이들은 앞의 세 장면 그림과 비교하여 '복장'에 주목할 뿐이다. 교사가 자신의 의도에 사로잡히는 것은 금물, 그렇게 판단한 야마자키 선생은 다시 한 명 한 명의 읽기 교류로 되돌아가서 이번에는 손을 들지 않은 아이를 지명하면서 철저하게 듣는 역할에 집중하기로 한다. 그러자 "○○의 발언을 듣고 생각한 건데……."라며 전반과는 다르게 친구의 읽기와 연결하여 자신의 읽기를 이야기하는 발언이 계속된다.

이미 50분 이상이 경과되고 있다. 참관자의 스케줄을 걱정한 야마자키 선생이 수업 종료를 이야기하자 모두 한결같이 더 하자고 외치는 목소리가 교실에 울려 퍼진다. "더 계속해요.", "내일까지 못 기다리겠어요.", "선생님도 손님들이 안 계시면 더 공부하고 싶잖아요."(웃음)라고.

개인에 대한 대응과 관계

1. 교사 자신이 귀 기울이기

교실에 서로 듣는 관계를 만드는 출발점은 교사 자신이 아이 한 명 한 명의 목소리에 귀를 기울이는 일이다. 니가타 현 나가오카 시 구로조초등학교에서 참관한 가쓰누마 후미에勝沼文惠 선생의 2학년 국어 수업 '악어 할아버지의 보물'은 서로 듣는 관계를 키우는 지도의 원점을 보여 주는 인상 깊은 수업이었다. 교실에 들어서자 시작종이 울리기도 전에 22명 아이들이 방긋방긋 웃으며 앉아 있다. 교과서를 펴고 묵독하고 있는 아이, 모조지에 쓰인 전 시간 수업 내용을 보며 이야기하고 있는 아이가 여기저기 보인다. 친구와 함께 이야기를 서로 읽는 수업이 몹시 기다려지는 모양이다.

1년 전 이 아이들이 1학년일 때 가쓰누마 선생이 ㄷ 자형 교실 가운데에 의자를 하나 두고 앉아서 정서가 불안정한 아이를 무릎에 앉히고 수업을 진행하던 광경을 떠올렸다. 그 1년간 아이들과 섬세한 관계가 쌓여 그 결실로 이 교실에 부드럽고 자연스러운 아이들 모습이 형성된 것 같다.

수업 시작 인사가 끝나자 가쓰누마 선생은 오늘 수업 장면을 모조지에 기록한 '점보 교과서'를 칠판에 걸었다. '악어 할아버지' 등의 주름 지도로 보물찾기 여행에 나선 '모자를 쓴 도깨비'가 '보물'이 무엇인지를 모른 채 '험준한 절벽 위 바위'에 도착하여 발아래에 보물 상자가 묻혀 있는 것도 모른 채 '차마 말로 다 표현할 수 없을 만큼 아름다운 석양'을 보물로 착각하여 매료되는 장면이다. 가쓰누마 선생이 준비한 '점보 교과서' 모조지 한가운데에는 그 장면을 표현한 교과서 삽화가 컬러로 복사되어 걸려 있다.

'점보 교과서'를 칠판에 걸자 아이들은 즉시 각자 의문이 드는 것이나 이야기하고 싶은 것을 앉은 채로 이야기하기 시작했다. "'생각 없이 도깨비는 모자를 잡았습니다'라고 쓰여 있는데 왜 도깨비는 모자를 잡았지?"라고 요시오芳雄가 이야기를 시작했다. 다쓰히코竜彦가 "'눈을 동그랗게 했습니다'라는 것은 왜지?"라고 발언하자 다다시正가 "나는 마지막 부분 '언제나 석양을 보고 있었습니다'라고 하는데 왜 그랬는지 생각해 보고 싶어."라고 이어서 말한다. 그동안 가쓰누마 선생은 칠판에 붙인 점보 교과서 해당하는 곳에 발언 하나 하나를 써넣고 있다.

흥미 깊었던 점은 가쓰누마 선생이 한 명 한 명의 발언을 그 아이 가까이까지 가서 허리와 무릎을 굽히고 아이와 같은 눈높이에서 듣고 있다는 것이다. 모든 발언을 그 아이 가까이까지 가서 듣고 칠판의 '점보 교과서'에 써넣어 가고 있기에 가쓰누마 선생은 칠판과 한 명 한 명 자리 사이를 발언할 때마다 왕복하게 된다. 보통 교사가 이렇게 움직이면 눈에 거슬리게 되지만 가쓰누마 선생의 움직임은 결코 요란하지 않다. 오히려 아이들의 중얼거림이 원활하게 교류하도록 돕고 있다. 왜일까?

2. 반응하는 말과 신체

가쓰누마 선생의 움직임을 주의하여 살펴보면 발언하는 아이에 따라 가까이 다가서는 거리가 다르다는 것을 알 수 있다. 도움을 필요로 하고 있는 아이에게는 손에 닿을 정도로 가까이 가고 이미 발언에 익숙한 아이의 경우에는 약간 멀 정도로 거리를 두고 있다. 게다가 가쓰누마 선생이 듣는 위치는 발언하는 아이의 정면이 아니다. 발언하는 아이 시선과 가쓰누마 선생의 시선에서 교실 중심을 에워싸는 위치, 즉 발언하는 아이 옆쪽으로 비스듬하게 서서 이야기하는 말에 귀를 기울이고 있다. 가쓰누마 선생은 아이들의 대표로서 한 명 한 명의 발언을 듣고 있는 것이다.

아이들의 발언에 대한 가쓰누마 선생의 대응은 교사가 어떻게 들어야 하는지 기본을 보여 준다고 생각한다. 보통, 교사들은 아이의 '좋은 발언'을 연결하여 수업을 조직하려 한다. 그러나 가쓰누마 선생과 아이의 관계는 완전히 다르다. 가쓰누마 선생은 중요한 것은 아이가 잘 읽고 있는지 아닌지가 아니라고 말한다. 어떤 아이도 어떤 읽기도 훌륭하다는 전제에서 수업을 조직하지 않는 한 서로 배우는 관계는 생겨날 수 없다는 것이다. 가쓰누마 선생과 아이들은 한 명 한 명의 읽기 하나하나가 더할 나위 없이 소중한 것임을 전제로 수업을 즐기고 있다. 가쓰누마 선생이 한 명 한 명의 발언을 아이들 자리 가까이까지 가서 듣는 것도 한 명 한 명의 발언을 주옥처럼 건져 내고 있기 때문이다.

아이들의 발언은 "도깨비는 어느 정도 눈을 동그랗게 떴을까?"라고 하는 게이코惠子의 발언을 시작으로 '왜'라는 의문에서부터 '어느 정도'와 '어떻게'를 중심으로 한 의문으로 이동하고 있다. "어떤 기분으로 도깨비는 모자를 집었을까를 생각해 보고 싶어."라고 하는 마나미真奈美, "'세상에서 가장 아름다운 석양'이라는 것은 얼마나 아름다운 것인지 생각해 보고 싶어."라고 하는 도모코知子에게로 이어진다. 그리고 아이들의 발언을 듣고 있으면 수업 전반에서는 '도깨비' 행동을 중심으로 의문이 나오고 있는 반면 수업 중반에서는 이 장면에 그려져 있는 정경이나 도깨비의 감정을 중심으로 한 의문으로 이동한다. 그 후에는 '도깨비'가 본 보물은 무엇이었을까 하는 의문과 '악어 할아버지'가 숨겨 둔 보물 상자의 형상과 보물 상자의 내용물에 대한 의문으로 진행한다.

아이들의 발언 수는 지금까지 사람 앞에서는 좀처럼 사고와 감정을 표현하지 않았던 하루오治夫와 아이코愛子를 포함하여 어마어마한 수에 이르고 있다. 이미 칠판에 걸린 '점보 교과서' 모조지는 써넣은 글씨로 새까맣게 되었다. 교실 주위로 눈을 돌리자 지금까지 수업에서 사용한 '점보 교과서' 모조지는 어느 것 할 것 없이 써넣은 글씨로 새까맣다. '점보 교과서' 모조지에 교실에 있는 아이들 한 명 한 명이 읽은 내용을 써넣어 가득 차게 한 것은 아이들이 읽기를 얼마나 즐거워하는지 그 증거가 된다.

그건 그렇다 하더라도 가쓰누마 선생의 듣기 관계는 시사적이다. 한 명 한 명 발언할 때마다 그 아이에게서 가까운 위치에 비스듬하게 서서 귀를 기울이는 자세를 보며 이것이야말로 듣기라고 하는 행위의 원점이라는 것을 생각하지 않을 수 없었다. 물론 특별히 가쓰누마 선생처럼 아이들 가까이까지 이동하지 않고도 아이의 목소리에 귀를 기울이고 아이의 발언을 다른 아이의 생각과 '연결하는 일'은 할 수 있다. 그러나 신체론적으로 말하면 비록 아이에게서 떨어져 발언을 듣는 경우에도 이미지 속에서 교사는 자신의 분신을 가쓰누마 선생처럼 아이 가까이 가는 정도의 위치에 둘 필요가 있다. 그렇게 함으로써 아이들은 교사를 친밀하게 듣는 사람으로 받아들이고 무리 없이 자기 이야기를 할 수 있다. 이러한 이미지에 근거한 신체 이동을 가쓰누마 선생은 이미지 속에서 행하는 것이 아니라 신체 그 자체를 이동함으로써 행하고 있다. 교사가 좋은 경청자로 아이들과 관계 맺기 위해서 한 번쯤은 가쓰누마 선생처럼 행동할 필요가 있다.

3. 배움의 확산

'점보 교과서'에 아이들의 발언을 써넣는 것은 한 번에 끝날 배려를 보여 주는 것이 아니다. 이미 아이 대부분이 여러 군데에 의문과 생각해 볼 거리를 지적했는데, 30분이 지나도 발언은 계속되었다. 단조롭다고 하면 단조로운 전개이다. 문장의 단어를 언급하면서 아이들은 각자 자신이 느낀 의문과 더 깊이 읽어 보고 싶은 것을 표현한다. 그것을 가쓰누마 선생은 주의 깊게 듣고 칠판에 걸어 둔 '점보 교과서'에 써넣는다. 써넣은 내용은 '왜', '어느 정도', '언제', '누가' 등의 의문이 중심이지만 '기분을 말로 표현하기', '상황을 읽어 내기', 사항과 사항의 '연결'을 발견하는 과제도 써넣는다. 아이들은 친구의 기분을 즐기고 있으며 써넣은 과제에 대해서 끊임없이 생각하고 있다. 따라서 긴 시간에 걸친 단조로운 전개임에도 불구하고 결코 지겨워하지 않는다.

수업이 시작되고 30분 이상 지나고 나서부터 겨우 가쓰누마 선생은 "많이 나왔구나!"라고 말하며 일단락을 짓고 처음 문장에서부터 순서대로 써넣은 사항을 서로 탐구하는 활동으로 이동할 수 있었다.

우선은 '도깨비'가 석양을 보며 '눈을 동그랗게 떴습니다' 라고 하는 부분이다. 마사오가 '석양이 무척 예쁘니까'라고 발언하자 가즈키和樹가 "도깨비는 이렇게 아름다운 석양을 처음 보았기 때문에……."라고 말하고, "세계에서 제일 아름 다운 석양이니까……."라고 다쓰오辰夫가 덧붙인다. 이 '눈을 동그랗게 떴습니다'라는 말 하나에서도 친구들이 저마다 경 험한 다양한 읽기를 서로 주고받으면 점점 읽기가 풍부해진 다. 가쓰야勝也가 "도깨비는 '험준한 절벽의 바위'에 서 있잖 아. 굉장한 암벽에서 보고 있기 때문에 석양이 생각보다 훨 씬 더 예쁜 게 아닐까?"라고 발언하며 이미지를 크게 확장 시키자 마사미가 "도깨비 주변이 전부 석양이잖아. 굉장히 예쁜 석양에 싸여 빛나고 있어."라고 발언한다. 이 '빛나다' 라는 말에 촉발되어 여기저기에서 중얼거리기 시작하고 시 노부信夫가 "분명 신이 하강할 것 같은 석양이었어."라고 말 한다.

이렇게 하여 다음으로는 '말로 다 표현할 수 없을 만큼 아름다운 석양'에 대해서 서로 이야기하고, 그것에 이어 '무 심결' 모자를 잡은 '도깨비'의 기분에 대해서 서로 이야기를 전개했다. 2학년이라고는 생각할 수 없을 만큼 다채로운 이 미지를 교류하고, 깊이 있는 읽기를 전개하고 있었다. 문장 의 단어에 입각해서 '읽고 묘사하기'를 서로 나누는 것이 수업의 중심 과제였는데, 이것이 아이들에게 서로 배우는 기쁨을 제공한다. 수업을 마치는 벨이 울리자 가쓰누마 선생은 몇 번이나 "끝내도 되겠니?" 할 만큼, 아이들은 읽고 묘사하는 교류를 잠시 동안 계속했다. 가쓰누마 선생의 듣는 관계가 일군, 교실에 형성된 소박한 서로 배움이 이러한 수업 전개를 가능하게 하고 있다.

질문을 공유하며 깊이 배운다

1. 질문이 생겨날 때

지카사키 시 하마노고초등학교 사토 아쓰코佐藤敦子 선생이 2002년 3월에 4학년 교실에서 한 '분수' 수업이다. 이달에도 전국에서 몰려든 100명이 넘는 교사들이 지켜보는 가운데 사토 선생은 "카스테라 두 개를 세 명이 나눕니다. 어떻게 나누면 좋을까요?"라고 발문하면서 수업을 시작했다. 4명으로 나뉜 모둠의 한가운데에는 접시 위에 랩으로 싼 카스테라가 두 개씩 준비되어 있다. 사토 선생이 발문하자 각 모둠에서 웅성거리기 시작한다. 몇 분 관찰하는 것만으로도 사토 선생의 수업에 큰 변화가 일어났음을 알 수 있다.

사토 선생이 하마노고 초등학교에 임시 강사로 온 것은 1년 전이다. 교사들의 수업을 참관하고 나서, '1년차가 저런 수업은 도저히 할 수 없다'는 것이 사토 선생에 대한 첫인상이었다. 사토 선생은 산수에 대해서도 '서로 배우는 수업은 할 수 없기 때문에 계산 방식만 철저하게 익히게 하자'라고 결단하고 있었다. 그렇기 때문에 교내 연수에서도 학년 연수에서도 사토 선생은 늘 도망치는 자세였다. 아니, 수업에 열중하는 다른 교사와는 거리를 두고 자신의 페이스를 지키는 일에 최선을 다했다.

사토 선생의 수업을 바꾼 것은 아이들이다. 우선 산수를 좋아하는 아이가 "3학년 때처럼 함께 생각하는 수업을 하고 싶어요."라고 요청했다. 하지만 사토 선생은 움직이지 않았다. 산수를 잘하는 아이의 불만은 각오하고 있었기 때문이다. 그러나 2학기가 되자 산수를 싫어하는 가쓰야와 아키오 昭夫가 "좀 더 서로 생각하는 수업을 받았으면 좋겠어요."라는 불만을 내놓기 시작했다. 이 말은 충격적이었다. '조금이라도 산수를 할 수 있게 한다'는 최저 목표에 반하여, 배우는 것을 싫어하는 가쓰야와 아키오가 '서로 생각하는 수업', '서로 탐구하는 수업'을 요구한 것이다. 몇 개월 남지 않았지만 자신의 수업을 바꿀 수밖에 없었다. 그렇게 사토 선생은 결단한 것이다. 이 '분수' 수업은 사토 선생이 자신과 교실이 어떻게 변화했는지 그 흔적을 고스란히 보여 준 수업이었던 것이다.

우선 카스테라를 손으로 자르는 몸짓을 한 요시코를 지명하자 "3분의 1씩 두 개를 자르면 됩니다."라고 발언했다. "두 개를 함께 자르면 간단해요."라고 하는 미치코 美智子의 목소리가 울려 퍼진다. 여기에서 사토 선생은 산수를 싫어하는 가쓰야가 세로로 자르는 몸짓을 한 것을 놓치지 않았다. "가쓰야 군은 이렇게 하는군요."라며 세로로 자르는 방법을 보여 주며 "이 생각도 좋군요."라고 평가했다. 각 모둠에서 다시 웅성거리기 시작한다. 이 민감한 반응과 지적인 미소 는 불과 몇 개월 사이에 교실에 서로 탐구하는 관계가 구축 되었음을 보여 주고 있다. 가쓰야와 마찬가지로 수학을 싫어 하는 아키오는 "가쓰야의 생각이 좋아. 한꺼번에 3분의 2씩 자를 수 없으니까."라고 중얼거리고 있다.

사토 선생은 "하나를 세 명이 나눌 때 요시코의 자르는 방식도 가쓰야의 자르는 방식도 모두 틀리지 않아요. 그럼, 요시코의 방식으로 할까, 가쓰야의 방식으로 할까 각자 생 각해 보고 잘라 볼까요?"라고 지시를 한다. 그 사이에도 각 모둠의 중얼거림은 계속되고 있다. 벌써 아이들은 질문을 만들어 내고 있는 것이다. 카스테라를 세 명이서 나누면 '3 분의 1'이 되어야 하는데 1인분은 왜 '3분의 2 자르기'인 것 일까?

2. 인식의 공유와 발전

의문question을 문제problem로 옮기기 위해서는 다른 사람 과 의문을 교류할 필요가 있다. 모둠 작업에 들어가면 중얼 거림은 4명의 의견 교류로 발전한다. 세로가 12.8센티미터

가로가 9센티미터인 카스테라 두 개, 그 자르는 방식을 둘러싸고 몇 번이고 서로 이야기가 계속된다. 자로 재기도 하고, 실을 이용해서 3등분 길이를 만드는 작업을 매개로 한 이야기이다. 자유롭게 서로 이야기가 계속되는 것은 먼저, 세로로 3등분하는 요시코의 방법과 가로로 3등분하는 가쓰야의 방법 중 어느 것으로 할 것인가가 모둠별로 합의에 이르지 못했기 때문이며, 또 하나 가로로 자르는 것은 9센티미터를 3등분하는 것으로 간단하지만, 세로로 자르려고 하면 12.8센티미터를 3등분하는 것이어서 쉽지 않기 때문이다. 이것도 사토 선생이 교재를 준비할 때 이미 생각한 것이다. 간단하게 자르기보다는 자르는 방식을 충분히 서로 이야기하는 편이 다음 단계의 탐구를 풍부하게 하기 때문이다.

사실, 모둠에서의 교류가 자연스럽게 계속된 것은 아이들이 또 하나의 숨겨진 질문, 즉 카스테라를 3등분하면 1인분은 3분의 1인데 실제로 자르면 3분의 2로 자르게 되는 것은 왜인가에 대한 의문을 갖고 있기 때문이다. 그러나 이 시점에서 이 질문은 아직 카스테라를 자른 작업 배후에 숨겨져 있어 명료하게 드러나지 않고 있다. 서로 이야기하고 작업하는 사이 사토 선생은 모둠을 돌아보면서 "3명이 하나를 나누면……."이라고 다음 탐구의 열쇠가 되는 말을 끄집어내어 인상을 남겼다.

창 쪽에 있는 아사오 모둠은 생각하기를 좋아하는 가쓰히사克久 덕택에 즐겁게 서로 이야기를 계속 나누고 있다.

"알았다!"와 "머리가 혼란스러워."를 서로 내뱉으면서 가쓰히사는 몰입해 친구 의견에 빠져들고 있다. 이 탐구심 왕성한 가쓰히사 덕택에 이 집단만 아직 자르는 작업에 들어가지 못하고 있지만 문제는 없다. 사토 선생은 칠판에 가늘고 긴 봉 하나를 보여 주며 "이것을 3등분한 거지?"라고 확인한 다음 "1인분은 분수로 얼마가 될까?"를 모둠별로 이야기하도록 하고 있다.

여기에서 작은 사건이 발생했다. 아키오 모둠의 미치코道子가 울고 있다. 이 모둠만 자르는 작업이 늦은 것이 아니라 추상도가 조금 떠오른 것만으로 패닉 상태가 된 아키오가 미치코를 거칠게 힐책한 모양이다. 사토 선생은 이 모둠으로 다가가 미치코를 돌본 후 각 모둠이 내놓은 해답을 칠판에 쓰게 하고 학급 전체가 서로 이야기하도록 했다.

3. 새로운 탐구의 시작

'카스테라 두 개를 세 명이 나누면 1인분은 얼마나 될까?' 3등분하였으니 '3분의 1'임에도 불구하고 카스테라 1인분은 '3분의 2를 잘라 낸 것'이다. 이 어려운 문제에 필사적으로 매달려 생각한 것은 '6분의 2'라는 해답이었다. 이렇게 되면 2조각이라는 것이 납득이 간다. 그러나 '6분의 2'라는 해답과 함께 '3분의 1'을 함께 기록한 모둠이 있는가 하면 '3분의

2'를 함께 기록한 모둠도 있다.

사토 선생은 칠판에 게시한 하나의 봉 밑에 '3분의 1'에 해당하는 봉 3개를 보여 주고 나아가 그 밑에 '6분의 1' 봉 6개를 제시했다. 그리고 칠판의 그림에 주의를 환기시키면서 "1인분은 몇 개가 되지? 3등분이니까 3분의 1인데 왜 3분의 2조각이지?"라며 거듭 묻고 있다. 여기에서도 아이들의 중얼거림이 퍼져 가지만 "한 개일 때 3분의 1이니까 두 개가 되면 3분의 1과 3분의 1이 되니까 3분의 2"라든가 "두 개를 6개로 나누고 2인분이니까 6분의 2"라고 하는 것 외에 다른 의견은 나오지 않는다.

비율분수와 양분수의 구별은 초등학교 수학에서 가장 어려운 문제 중 하나이다. 쿼터quarter(25센트) 동전의 존재가 보여 주듯이 양분수에 익숙한 미국이나 유럽 사람과는 달리 3분금三分金이라는 명칭에서 알 수 있듯 일본인은 소수 문화이며 비율분수에는 친숙하지만 양분수에는 익숙하지 않다. 아이들이 혼란스러워하는 것은 당연하다. 그런 의미에서도 6분의 2라고 하는 아이들의 해결은 흥미롭다.

비율분수와 양분수의 구별이 곤란하다면 한 번쯤은 어려움 속에 헤매 보는 것도 좋다고 사토 선생은 판단했다. '카스테라 두 개를 3등분한 1인분을 분수로 나타내면 어떻게 될까?' 정답은 '3분의 1'과 '3분의 2' 두 가지이다. 그러나 아이들은 아직 거기까지 도달하지 못하고 있다.

여기에서 모토키元樹가 "6분의 2라면, 두 개로 6분의 4가 되니까 안 되잖아."라고 절묘한 의문을 던진다. "그건 말이 안 돼."라고 찬물을 끼얹는 고로悟郎의 발언을 사토 선생은 엄한 목소리로 "안 돼요, 그런 소리 하면!"이라고 받아치며 모토키가 던진 질문의 의미를 모두에게 되물었다. 그래도 고로가 "말이 안 돼. 말이 안 돼."라고 하자 "누가 고로의 입을 좀 단속해 주세요."라고 말해 교실은 웃음바다가 된다. 사토 선생의 진면목은 유머 감각이다. 사토 선생은 조금 전에도 미치코를 울린 아키오를 지명하여 "선생님의 가장 소중한 수업에서 여자 친구를 울려 버리고……."라며 충고해 웃음바다가 된 교실에서 모토키가 던진 질문의 의미를 아키오에게 확인시켰다.

사토 선생은 아키오가 미치코를 울린 원인이 원래 아키오가 카스테라를 자르는 것을 미치코가 고집스럽게 방해한 것에 있음을 알고 있다. 야단을 맞아야 하는 것은 미치코인 것이다. 그러나 우는 미치코를 나무라는 것이 어리석은 일이라는 것도 사토 선생은 잘 알고 있다. 하지만 유머러스하게 나무라면서 아키오를 곤란한 상황에서 탈출시켜 수업으로 다시 끌어들인 것이다. 이러한 작은 배려가 이 교실에 서로 배우는 관계를 깊게 만든다.

벌써 수업을 시작한 지 60분 이상이 지났다. 모토키가 내놓은 질문은 다음 수업으로 돌릴 수밖에 없게 되었다. 아이들이 어려워 헤매면서 다음 질문에 직면한 것으로 이 수업은 대성공이다. "자, 그럼 다음 수업을 위해서 카스테라를 랩으로 싸 주세요."라고 사토 선생이 지시하자 "아니, 벌써!"라는 소리가 교실에 울린다. "먹고 싶어요.", "조금 더 생각해 보고 싶어요."라는 목소리가 퍼진다. 그러한 목소리를 차단한 채 이미 카스테라 한 귀퉁이를 먹고 있는 아키오를 주시하면서 사토 선생은 수업 종료를 외치며 이렇게 덧붙였다. "여러분 모둠은 4명입니다. 카스테라를 먹고 싶은 사람은 3등분한 카스테라를 어떻게 4등분할까를 이야기한 후에 먹도록 하세요."(폭소)

탐구하는 사고를 연결하기

1. 교실 풍경

언제나 기억 속에 선명하게 남는 수업이 있다. 3년 전에 참관한 쇼난가쿠인초등학교湘南学園小学校(가나가와 현) 5학년 시무라 히로유키志村裕行 선생의 국어 수업이 그중 하나이다. 시무라 선생은 대학원 석사 과정을 마치고 이 학교에 부임한 직후였다. 교실에 들어서자 시무라 선생은 사각형으로 정렬된 책상 한쪽에 앉아 있고 아이들 40명은 ㄷ 자형으로 배치된 책상에 앉아 있다. 시무라 선생과 아이들의 눈높이가 같다. 대학 세미나 수업과 같은 공간 배치이다.

"자, 시작합시다."라는 시무라 선생의 목소리로 수업이 시작되었다. 소재는 다카미 준高見順의 '나는 잡초이며 성장한다'로 시작하는 유명한 시다. 모두가 시를 소리 내어 읽은 후 앞 시간에 시무라 선생이 소개한 다카미 준 이외의 시 감상 소견을 서로 나눈다. '허무하다', '외롭다', '무섭다'라며 저마다 이야기하고, '나는 잡초이다' 시의 '강함'은 '전혀 다르다'라고 한다. 시무라 선생의 목소리가 소리도 내용도 확실하게 들리는 것이 상쾌하다. 이 산뜻함이 교실 공기를 만들어 내고 있다. 신규 1년차의 5월 수업이라고는 생각하지 못할 만큼 안정적이다.

시무라 선생은 백지의 메모지를 나누어 주고 〈나는 풀이로다〉 시를 읽고 떠오르는 것을 써 보라고 지시한다. '이 풀은 어떤 풀인지?', '어떤 느낌을 받았는지?'를 쓰도록 요구한다. 아이들은 각자 이미지를 만들고 있는 것 같다. 메모지를 받자 조용히 쓰기 시작한다. 가끔 중얼거리는 소리가 오고 가기도 하지만 조용한 작업 시간이 계속된다.

시무라 선생은 처음에 도시키俊樹 자리로 다가가 조용히 귓가에서 격려한다. 도시키의 작업이 진행되는 것을 확인한 후에는 순서대로 도움을 필요로 하는 아이에게로 가서 조언하고 있다. 손을 들고 도움을 요청하는 아이도 있다. 이러한 작업은 충분한 시간을 주고 세세하게 대응할 필요가 있다. 그 중요함을 시무라 선생은 이미 숙지하고 있는 듯하다. 예정된 시간은 5분이었지만 시무라 선생은 더 연장하기로 했다. 아이들 대부분이 몰입하여 쓰고 있기 때문이다. 8분 정도 지났을 무렵 시무라 선생은 "나머지 1분 동안 정리합시다."라고 이야기한다. 그리고 다시 한 번 도시키 곁에 가서 작업이 진행된 것을 확인하자 시무라 선생은 모두에게 질문을 던진다.

시무라 선생이 질문한 것은 풀의 이미지이다. '한 포기로 자라는 풀'인지 '풀 하나'인지 아니면 '초원의 풀'인지. '초원의 풀'은 거의 없었지만 대부분 세 가지로 분산되어 있다.

2. 이야기를 연결하기revoice

내가 놀란 것은 여기에서 시무라 선생이 "오늘은 5월 14일이군요. 4번부터 순서대로 지명합니다."라고 말한 것이다. 이렇게까지 면밀하게 수업을 진행하면서, 이 지명 방법은 너무 심하다. 지명은 아이와 아이를 연결하고 의견과 의견을 연결하는 가장 중요한 활동이다. 교사의 확실한 통찰력과 견식을 묻는 활동이라 말해도 좋다. 이게 바로 신규 교사의 한계인가 하고 나는 다소 실망하고 있었다.

"4번!"이라는 시무라 선생의 지명에 따라 다다시正志가 "풀이 한 포기 있고 그 풀이 자기 이야기를 쓰고 있다고 생각했습니다."라고 발언했다. 다른 아이는 그렇게 읽을 수도 있나 하고 묻는다. "다음, 8번!" 마치코真知子가 "풀은 최선을 다해 자라고 있어요. 눈에 띄지 않는 곳에서 최선을 다해……"라고 발언했다. 시무라 선생은 고개를 끄덕이면서 "그럼, 12번!"이라고 지명한다. 가즈코和子가 "이 풀은요, 쑥쑥 자라고 있다고 생각해요."라고 말을 건네자 시무라 선생은 갑자기 엄한 말투로 "다케시健史, 다른 사람 이야기를 정확하게 들으세요."라고 나무란다. 분명 다케시가 약간 잡담을 하긴 했지만 시무라 선생의 엄한 질책은 무척 느닷없는 것으로 여겨졌다. 가즈코가 발언을 마치자 16번인 다쓰오達夫가 "저기요, 풀이 가득 있어서요, 작가는 완전히 잡초가 되어 버렸다고 생각해요."라고 얘기한다.

시무라 선생이 "20번!" 하고 지명했을 때다. 교실에 순간적으로 긴장이 돌고 앞서 질책을 받은 다케시가 "이상해! 선생님 이상해요."라고 소리를 지르고 있다. 그 소리를 무시하고 시무라 선생은 "도시키는 어떻게 생각해?"라고 묻는다. 시무라 선생이 활동 중에 제일 먼저 격려한 그 도시키다. 도시키는 시무라 선생의 얼굴을 보며 천천히 고개를 옆으로 젓는다.

내가 모든 상황을 인식한 것은 이때이다. 도시키는 말이 없는 아이였다. 몇 년째 학교에서 입을 연 적이 없다. 시무라 선생이 '4번'부터 시작하는 것으로 순서를 지명한 것은 도시키에게 발언할 기회를 제공하고 싶었기 때문이었다. 그 의미를 비로소 알게 된 나는 시무라 선생의 지명 방식에 실망했던 스스로가 부끄러웠다. 느닷없다고 여겼던, 다케시에 대한 질책도 '20번'인 도시키가 지명되자 다케시가 "이상해!"라고 소리를 높일 것을 시무라 선생은 예측하고 있었기 때문이다. 그렇다고는 하지만 결과적으로 시무라 선생의 배려는 역효과였다. 다케시는 시무라 선생의 의도를 이미 알고 질책에 대한 반발로 "이상해요."라고 소리를 높였기 때문이다. 그러나 다른 아이들은 성실했다. 숨을 죽이고 도시키의 반응을 지켜보았다. 수업 후에 시무라 선생은 "다케시 외에도 '이상해!'라는 소리가 나오기 때문에 도시키에 대한 대응은 생각을 바꿔야 한다고 생각하고 있었습니다. 승부를 건 거지요." 라고 말한다.

도시키가 천천히 고개를 가로젓자 시무라 선생은 "옆의 마사히로正弘 군이 도시키가 쓴 것을 읽어 줄래요?"라고 마사히로를 지명했다. 갑작스러운 요청에 마사히로는 허둥지둥하면서 도시키에게서 메모를 받아 "뒤쪽에 초록이라고 쓰여 있기 때문에 다 큰 풀이라고 생각한다. 다만 처음에는 자라다, 자라다라고 반복되고 있기 때문에……."라고 읽어 준다. 도시키는 말쑥한 표정으로 자신의 의견이 발표되는 것을 듣고 있다. 그런데 "그 후에 자라는 곳은……"에서 마사히로는 메모를 읽지 못하고 주춤거리고 만다. 그러자 도시키가 손가락으로 메모지를 가리키면서 마사히로에게 전달하기 시작한다. 이렇게 해서 도시키의 의견은 마사히로의 목소리revoice로 모두에게 전달되었다. 만족스러워하는 도시키 표정이 감동적이다. 시무라 선생이 "그렇다면 도시키가 상상한 잡초는 한 포기네요."라고 확인하자 도시키는 크게 "예."라고 고개를 끄덕인다.

이렇게 되면 '24번', '28번', '32번', '36번'으로 마지막까지 번호를 지명할 수밖에 없다. 도시키에 이어 마사雅惠가 "같은 단어 반복이 많기 때문에 다카미 작가도 같은 것을 반복하고 있다고 생각해요." 가즈히로和弘가 "자신의 약함을 격려하며 풀에게 지지 않고 살아가려고 생각하고 있어요." 미키美紀가 "풀이 사람의 눈에 띄지 않는 곳에서 살고 있는 것에 감동했어요." 마지막으로 리에理惠가 "초원에서 건강하게 자라고 있는 한 포기 풀이라고 생각해요."라고 발언했다. 리에의 발언은 지금까지 이어져 온 발언과는 연결이 되지 않기에, 시무라 선생이 몇 번이고 연결되는 말을 리에에게서 끄집어내려 했지만 번호로 하는 지명인 이상 여기에서는 연결되지 않아도 어찌할 도리가 없었다.

3. 교재와 연결하기

시무라 선생은 책 한 권을 소개했다. 다카미 준이 1945년 1월 1일부터 12월 26에 걸쳐 쓴《패전 일기》이다. 1월 11일의 첫 장에는 강박신경증에 빠진 다카미가 바늘과 면도칼에 공포를 느끼고 흰 벽을 보면 사람이 나오는 환상을 했다고 하는 기억이 쓰여 있다. 그 한 마디 한 마디에 도시키의 눈이 예리하게 빛난다. 시무라 선생은 "다카미 준처럼 생각하는 힘을 가진 사람은 끝까지 생각하게 되어 불안한 상황이 된 것이라고 생각해요."라고 설명하고 1945년은 전쟁이 한창이었다는 것에 주의를 환기한다.

이어서 2월 14일 일기로부터 '밭 흙'이 소개되었다. '내 맘

같이' 얼어붙은 밭 흙을 노래한 한 구절이다. 다카미는 딱딱하게 얼어붙은 땅 '그 밑에는 부드러운 흙이 있다', '밭의 흙은 살아 있다'는 것에 감동하고 있다. 아이들은 "절망 밑에는 희망이 있구나!"라며 저마다 중얼거린다.

여기까지 오자 시무라 선생이 수업에서 추구한 것이 명확해진다. 시무라 선생은 어두운 시대에 번민을 안고 산 다카미 준의 시의 세계와 몇 년이나 입을 닫고 속으로 격한 갈등을 반복하고 있는 도시키의 마음속 깊은 곳이 격렬하게 공진할 것을 확신하고 있었던 것이다. 그 연결이 이 수업을 밑바탕에서부터 유지하고 있었다. 그리고 그러한 도시키의 존재와 마사히로 목소리로 들려준 도시키의 발언으로, 도시키 이외 아이들도 이러한 미지의 세계를 내부로부터 체험하는 과정을 획득하고 있는 것이다. 탐구하는 수업에는, 이처럼 몇 번이든 연결하기가 준비되어 있다.

시무라 선생이 "《패전 일기》 속에서 〈나는 풀이로다〉를 발견했습니다."라고 말하자 온 교실이 떠들썩해지기 시작한다. "정말, 정말?", "이렇게 어두운 기분으로 쓴 거야?", "믿을 수가 없어." 4월 20일 일기였다. 시무라 선생은 그 구절을 읽어 주었다. "풀의 녹색이 가슴 저리게 아름답다고 생각했다. 나는 풀이로다. 자라고……." 이어 시무라 선생은 다카미가 '죽음'의 유혹에 걸려 '수렁과 같은 경지'에 있었을 때 '잡초 밭'에서 '생명의 순수한 발로'를 발견한 에세이 일부를 소개했다. 아이들은 한 마디 한 마디를 고개를 끄덕이며 받아들이고, 그러고는 한숨을 쉬며 "완전 다르잖아."라며 중얼거린다.

물론 달라서 좋은 것이다. 마지막에 시무라 선생은 "여러분의 감동이 달라도 그것은 그것으로 훌륭해요. 자기 자신 속에서 생겨난 것은 여러분 한 사람 한 사람의 것이기 때문에 그것을 매우 중요하게 여겨야 해요."라고 강조하며 수업을 마쳤다. 계속 예리한 눈빛을 보내던 시노키가 크게 고개를 끄덕이며 웃는다.

조사하는 활동에서 탐구하는 활동으로

1. 조사하는 활동에서

1999년 9월 니가타 현 나가오카 시 구로조초등학교 5학년 1반 교실에서 요코야마 나오코橫山直子 선생의 수업을 관찰했다. 요코야마 선생의 수업을 보는 것은 7년 만이다. 처음에 본 수업은 산수, 이번에는 사회이지만 교과의 차이보다는 오히려 교실 공기가 부드럽다는 것과 요코야마 선생이 자연스럽게 아이들과 소통하는 것을 즐기고 있는 모습이 인상적이다. '베테랑의 묘미'라고 말할 수 있는, 안정감 있고 차분하게 배울 수 있는 교실이다.

수업 주제는 '공업 생산을 지탱해 주는 사람들'이다. 구로조초등학교는 2차 대전 이전에 사가와 미치오寒川道夫가 생활 글쓰기 실천을 전개한 학교이며, 오제키 마쓰사부로大関松三郎가 쓴 동시집《참마山芋》가 유명하다. 그 농촌 지역에 지금은 중소 정밀기계 공장이 몇 개나 세워져 있다. 요코야마 선생은 이 정밀기계 공장에서 일하는 사람들을 소재로 하여 '공업 생산을 지탱해 주는 사람들'이라는 학습을 전개하기로 했다. 아이들 30여 명은 4~5명 소집단으로 나뉘어 각자 서로 다른 공장을 방문하여 작업 공정을 상세하게 관찰하고 일하고 있는 사람들을 인터뷰했다.

교실에 들어서자 공장 위치를 조사한 지도, 방문한 공장의 작업 공정 개요 등이 전지에 전시되어 있다. ㄷ 자형으로 앉은 아이들 앞에 선 요코야마 선생은 "공장에 가서 작업 공정을 검사했지요? 오늘은 검사한 내용을 서로 이야기해 보도록 합시다."라고 이야기를 꺼낸다.

검사에 초점은 둔 이유는 정밀기계 공장에서는 검사가 각별한 의미를 지니기 때문이며, 검사를 상세하게 앎으로써 구로조 지역 공장의 특징을 잘 이해할 수 있기 때문이다. 요코야마 선생은 이렇게 설명한 후에 마지막 줄에 있는 요시카즈義和에게 갔다. "왜 그러니? 몸이 안 좋니?" 얼굴색이 좋지 않은 요시카즈는 고개를 끄덕이며 보건실로 갔다. 여기에서도 한 명 한 명에 대한 요코야마 선생의 세심한 배려가 표현되고 있다.

맨 처음 손을 들고 발언한 학생은 도시키敏樹이다. 다하라 철공소를 방문한 도시키는 공장에 몇 가지 검사 도구가 있음을 기록하고 있다. 자, 높이 측정기height gauge, 곱자, 금속제 곱자 등이다. 각각 길이와 높이, 두께, 각도를 측정하는 도구이다. 도시키는 검사 도구 가운데에서도 컬러 차트라고 하는 용접할 곳의 작은 구멍을 발견하는 도구에 흥미를 보이고 있다. 빨간 액체를 불어넣어 현상액으로 씻으면 작은 구멍에 부착된 적색으로 작은 구멍도 발견할 수 있다고 한다. 그래도 발견되지 않는 구멍은 엑스레이로 검사한다고 공장 사람이 말했다고 한다.

도시키의 발표 도중에 요시오芳夫가 "씻는다는 건 어떤 거지?", "침투라는 건 무슨 말이야?"라고 질문한다. 이 도시키와 요시오 두 사람의 발언에 요코야마 선생 수업의 일단이 나타난다고 해도 좋다. 도시키의 발언에서 볼 수 있는 것처럼 아이들에 의한 공장 관찰과 인터뷰는 상당히 전문적이며, 검사 도구 하나에 대해서도 세세한 부분도 중요하게 여겨 정밀하게 관찰하고 보고하고 있다. 그런데 그 전문적이고 면밀한 관찰과 보고는 모든 아이들에게 열려 있다. 소박한 질문이 허용되고, 이해하기 힘든 아이는 자유롭게 칠판 앞에 나와서 발표 요지를 정리한 전지를 유심히 보고 있다. 폭넓고 깊이 있는 배움이 장려되고 있는 것이다.

2. 발견 교류하기

서로 배우고 서로 탐구하는 교실에서는 한 명의 발견이 다른 아이의 발견을 불러일으키고, 새로운 앎이 연쇄적으로 일어난다. 도시키의 말에 이어 가나에かなえ는 "내가 간 공장

에서는 노기스Nonius(물건의 길이, 두께, 깊이, 직경 등을 재는 금속제 아들자가 달린 자)라는 도구를 사용하고 있었어."라고 말하고, 가나에의 발언을 받아 가즈코는 "내가 간 공장에서는 할아버지가 '노기스'가 아니라 힘주어 '노니스'라고 말했어."라고 한다. 그러자 교실은 밝은 웃음으로 가득 찼다. 가즈코는 숙련공 기술자의 기질을 '노기스'를 '노니스'라고 부르는 말투에서 느낀 것이다.

가즈코는 이 할아버지 숙련공이 "밀리미터를 단위로 하여 측정하고 있었어."라고 말을 이었다. 그러자 미치히사道久, 다이이치太一, 아키토明人가 구멍의 직경도 길이도 깊이도 '밀리미터' 단위로 검사하고 있으며, 제작 도면도 모두 '밀리미터'로 표현되어 있었다고 말했다. 그것에 미와코美和子는 "노기스라면 100분의 1까지 잴 수 있어."라고 덧붙이고, 가나에는 "100분의 2밀리미터 범위에서 제품이 체크되고 있어."라고 말했다. 도시오俊夫가 마이크로미터와 인사이드 마이크로미터에 의한 검사 방법에 대해서 보고하고, 도시오가 방문한 오무라제작소에서는 공장에서 검사하는 것에 그치지 않고, 나가오카 시에 있는 테크니카라는 기업에서도 검사하고 나가오카조사소에서도 제품을 검사하고 있다고 보고했다. 나가오카조사소에서는 3차원 측정기로 컴퓨터에 의한 정밀한 검사를 하고 있다고 한다.

다양한 검사 도구에서 시작한 수업은 점차 지역에 있는 정밀기계 공장에서 만든 제품의 높은 정밀도와 검사 시스템으로 이동했다. 요코야마 선생은 도시오에게 오무라제작소에서 받아 온 제품을 모두에게 소개하도록 했다. 하나는 중심에 구멍이 난 손바닥 크기의 회전축 덮개, 또 하나는 보통 형상이 바뀌지 않는 엄지손가락 크기의 차트이다. 앞의 것은 700엔, 다음 것은 1,200엔이나 한다. 제품 가격은 제조에 걸리는 노동시간으로 결정되며, 불량품이 나오면 나가오카 시 재생 공장으로 이동된다고 한다.

도시오가 가장 놀란 것은 대부분이 수작업으로 이루어지는 오무라제작소에서 불량품이 1년에 1개 아니면 2개밖에 나오지 않는다는 높은 정밀도였다. 100분의 2밀리미터 범위의 정밀도로 전부 완성되고 있는 것이다. 신의 경지라 할 수 있는 숙련공의 기량이다.

도시오의 발언을 들으면서 아이들은 저마다 "다하라철공소도 실패는 없다고 말했어.", "나카코시공업은 100분의 5밀리미터 범위에서 검사하고 있었어.", "하세가와공업에서는 실린더 측정기를 사용해서 제품을 100분의 1밀리미터에서 측정하고 있었어."라고 속삭인다. 각자의 경험이 하나하나 연결되어 새로운 발견과 의미를 형성하고 있다. 도시오에 이어 마코토眞人가 "검사할 때 온도가 일정하지 않으면 안 되기 때문에 하세가와공업에서는 23도에서 측정하고 있었어."라고 보고하고, "구로조 지역 공장에서는 검사 자격이 없는 사람이 일하고 있지만 제품의 정밀도도 좋고, 검사도 매우 정확해서 부품 한 개에 100엔에서 20만 엔 하는 것까지 만들고 있어."라고 덧붙인다.

3. 탐구와 인식의 공유

아이들이 발견한 것을 서로 교류했기에 요코야마 선생은
100분의 2밀리미터라고 하는 정밀도가 어느 정도인지를 구
체적으로 표현해 보기로 했다. 종이 한 장의 두께는 보통 10
분의 1밀리미터이다. 그 종이 한 장 두께의 10분의 1이 100
분의 1밀리미터인 것이다. 아이들에게서 "예?"하고 놀라워
하는 목소리와 "'대단하다!"라고 감탄하는 목소리가 나온다.

요코야마 선생은 나아가 500장을 겹친 종이와 499장을
겹친 종이를 만져 보게 하여 어느 쪽이 더 두꺼운지를 물어
보았다. 10분의 1밀리미터 차이다. 수작업에 가까운 기술로
100분의 1밀리미터 단위 제품을 계속 만드는 숙련공들의 기
능은 그야말로 경탄할 만하다. 평소 낯익은 작은 동네 공장
에 이렇게 우수한 기술자의 기능이 있을 것이라고는 이 단
원을 조직하기까지 요코야마 선생 자신도 몰랐다. 그러한 놀
라움이 이 수업에서 살아 있는 배움이 가능하도록 뒷받침하
고 있다.

거기에서 요코야마 선생은 "제품 검사는 공장에서만 할까
요?"라고 마지막 질문을 던졌다. 요코야마 선생의 의도는 동
네 공장에서 일하는 사람들의 고충에 대해서 서로 이야기하

게 하고 싶었던 것이다. 구로조 지역 공장에서 만들어진 제품은 출하한 후 몇 단계나 검사를 받게 된다. 말단에 있는 구로조 지역 중소기업은 끊임없이 상부 기업으로부터 무리한 조건을 강요받고, 중소기업들 간 무리한 경쟁을 하도록 강요받고 있다. 그 고충까지 아이들이 이해하기를 바라는 것이다.

그러나 요코야마 선생의 질문은 아쉽게도 아이들에게 가닿지 못했다. 요코야마 선생의 질문에 도시오는 한 제품이 마이크로미터로 측정되고, 다음 회사에서는 엑스선과 3차원 측정기로 측정된다고 발표한다. 야스코康子는 자신이 방문한 공장에서는 제품을 교와공업이라는 회사에 납품하고 있지만 조금이라도 검사에 맞지 않으면 제품이 반품된다는 현실을 보고했다.

그러나 그러한 발표는 모두 구로조 지역 공장에서 일하는 숙련공의 기술이 우수하다는 것을 강조하는 의견일 뿐, 그 사람들의 '고충'에 대해서 이해하는 발언은 아니었다. '일하는 사람들의 고충을 이해한다'고 하는 '사회과 상식'이 아이들의 배움의 과정에서 요코야마 선생을 멀어지게 하고 있다. 이 간극을 몇 분 만에 통감한 요코야마 선생은 목표를 무리하게 추구하지 않고, 이 수업을 마쳤다. 그리고 다음 수업에서는 '검사'를 통해서 볼 수 있는 '구로조 지역 공업에서 일하는 사람들의 모습'을 배우자고 알린다.

요코야마 선생의 사회과 수업은 조사하는 활동으로부터

서로 탐구하는 활동으로 발전하는 과정을 보여 준다. 아이들의 조사 활동과 발견의 교류가 초등학교라고는 생각하지 못할 정도로 전문적이고 상세하다는 점이 중요하다. 형식적인 조사 활동으로는 형식적인 인식밖에 생겨날 수 없다. 조사를 할 때는 아무리 초등학교 5학년 아이들이라 하더라도 철저하고 주의 깊게, 상세하고 전문적으로 배울 필요가 있다. 이 점에서 요코야마 선생은 아이들에게 아첨하지도 않고 타협하지도 않는다. 요코야마 선생의 사회과 수업에는 주제를 중심으로 상세하고 깊이 있게 서로 탐구하는 배움의 본질이 들어 있다.

제3장
서로 탐구하는
수업 만들기

教師たちの挑戦

발견과 놀라움을 연결하여
협동적 탐구로

1. 듣는 일을 중심으로

서로 배우는 관계를 창조하는 교사는 공통적인 특징을 갖고 있다. 교사 활동의 중핵을 '듣기'에서 찾고 있다는 점이다. '듣기' 행위는 가장 수동적인 활동이지만, 창조적인 교사에게는 가장 능동적인 관계를 아이들과의 사이에 구축하는 일이 된다. 후쿠시마 현 고리야마 시 긴토초등학교金透小学校 간노 데쓰야菅野哲哉 선생의 수업은 언제나 그 점을 일깨워 준다. 이 학교 공개연구회가 2월에 개최되어 간노 선생이 '물의 팽창'을 주제로 한 5학년 과학 수업을 800명이 넘는 참가자에게 보여 주었다.

'물의 팽창'은 쉽게 관찰할 수 있는 현상이지만, 그 이유를 설명하는 것은 어려운 과제다. 간노 선생은 물이 끓어올라 넘쳐흐르는 현상을 언급하고는, '왜' 물은 끓으면 넘쳐흐르는가를 아이들에게 묻고 있다. 간노 선생의 수업은 우선 아이들 전원과 질문을 공유하는 것에서 출발한다. 이날도 간노 선생은 아이들을 앞으로 불러 앉히고, 한 사람 한 사람의 표정 변화와 중얼거림에 세심한 주의를 기울이면서 입을 열었다. 간노 선생과 아이들의 관계는 비유적으로 말하면 촉각적이다. '듣기' 행위는 사실 소리나 목소리라는 공기 진동을 청각으로 느끼는 활동으로서 그 자체가 촉각적이다. 말을 걸 때도 '듣기'에 의식을 집중하는 간노 선생은 아이 하나하나와 촉각적 연결로 관계를 형성하고 있다. 서로 배우는 관계를 창조하는 교사는 이와 같이 수업 출발점에서부터 섬세한 관계에 주의를 기울임으로써 그 수업을 역동적으로 전개하기 위한 준비를 한다.

"거품이 일고 나서 물이 넘쳐 나와요.", "거품이 물을 밀어 올려요." 간노 선생은 아이들의 중얼거림을 받아들여 플라스크에 물을 넣고, 전기 화덕으로 열을 가하여 수위水位와 무게 변화를 측정하는 실험을 제시한다. '물의 불가사의'를 알아보는 실험이다. 가열하는 플라스크에는 검은 종이 상자가 씌워져 있어 그 변화에 관해서는 30분 후에 검증하기로 했다. 그동안 아이들은 네 명 모둠마다 가는 유리관을 꽂은 시험관 물을 끓는 물에 붓고, 수위 변화를 관찰하는 실험에 몰두했다.

2. 발견과 놀라움을 연결하기

네 명으로 구성된 테이블에 두 가지 실험 기구가 나누어지고, 아이들은 두 사람이 한 조가 되어 실험을 시작한다. 이 그룹 활동은 간노 선생 교실에 형성된 서로 배우는 관계가 얼마나 훌륭한지를 잘 표현하고 있다. 두 명이 한 조가 되는 실험이지만, 한 사람 한 사람이 주체적이고, 그 배움은 자세하게 공책에 기록하는 모습에서 볼 수가 있다. 그리고 그러한 개인 활동은 대화적이어서 아이들은 줄곧 옆 친구와 작은 소리로 서로 발견한 것에 대해 주고받으면서 테이블마다 세네 명씩 대화하고 있다. 게다가 아이들은 이내 그룹을 넘어 다른 그룹 친구들과도 의견을 서로 주고받는다. 그러고 나서 새로 얻은 정보를 자기 공책에 덧붙여 정리하고 다시 옆 친구와 얘기를 주고받으며, 같은 테이블 친구들과도 서로 얘기를 나눈다. 사물과의 대화, 타자와의 대화 그리고 자기와의 대화가 복잡하게 교차되어 커뮤니케이션은 다원적이고 중층적이다.

15분가량 그룹 활동으로 실험하는 동안에 간노 선생은 아이들의 실험 모습을 관찰하고, 그룹 사이를 왔다 갔다 하면서 '연결하기' 활동에 전념하고 있다. 실험과 아이들을 연결하는 활동, 아이들과 아이들을 연결하는 활동 그리고 테이블마다 이루어진 대화를 서로 연결하는 활동이다. 서로 배우는 관계는 교사의 '연결하기' 활동에 의해 실현된다. 배움이 사물, 타자, 자기와의 만남과 대화이고, 의미와 관계를 구성하는 활동이라고 한다면 그것을 촉발하고 촉진하는 교사 역할의 중심은 '연결하기' 활동에서 찾지 않으면 안 된다.

간노 선생은 이따금 "아하!", "아하!" 하고 전원에게 감동받은 목소리를 내고 있다. 실험 관찰에 따른 놀라움과 발견을 나타내는 목소리다. 이 "아하!", "아하!" 하는 목소리는 지금 바로 발견과 놀라움을 체험하고 있는 아이들 내면의 목소리를 대변하고 있다는 사실과 동시에 그것은 실험을 관찰하는 몸의 자세에 동기를 부여하는 목소리이기도 하다. 이 "아하!", "아하!" 하는 목소리에 나아갈 방향을 정하여 아이들은 작은 현상에 큰 감동을 갖고 관찰하는 것이다.

실제 간노 선생 수업은 일반적인 과학 수업과 같이 가설이나 예상을 세워서 실험하고, 그 결과를 모두 서로 얘기하는 '가설·실험·검증' 형식의 수업은 아니다. '가설·실험·검증'이라는 방법은 과학적 탐구의 다양한 방법 중 하나일 뿐이다. 그럼에도 불구하고 일반 수업에서는 과학적 탐구의 유일한 방법인 것처럼 '가설·실험·검증'의 방법이 지배적이었다. 이 지배적인 '가설·실험·검증' 방법이 수업을 놀랍게도 단조롭게 하고 있다고 생각한다. 그에 비해서 간노 선생 수업에서는 '실험' 목적은 '가설'의 '검증'이 아니고 실험에 의한 현상을 세심하게 관찰하는 데에 있다. 현상을 세심하게 관찰하는 것이 목적이기 때문에 아이들의 배움은 다양하고 풍부하게 전개한다.

따끈해지면 수위水位가 올라간다. 그 현상을 눈앞에서 관찰해도 "거품이 일어 수위가 올라간다."라는 목소리나 "거품이 물 표면을 밀어 올리고 있다."라는 목소리는 아이들에게서 사라지지 않았다. '거품'을 변화의 원인으로 활용하려고 하는 아이들은 시험관 안쪽 벽에 있는 작은 거품 하나도 수위를 상승시킨 원인으로 설명하려고 한다. 그만큼 아이들의 사고는 완고하다.

그리고 간노 선생은 다시 아이들을 앞으로 모이게 하여 수위 상승을 '거품'으로 설명하게 하는 동시에 이번에는 비커에 빙수를 준비해서 시험관을 냉각하고, 시험관에 꽂은 유리봉 수위가 내려가는 현상을 테이블마다 관찰하게 했다. 아이들은 냉각한 시험관에 넣은 유리봉의 수위가 내려가는 현상을 관찰하고 끓는 물속에 부어 수위가 상승했을 때 이상으로 발견과 대화에 몰입하고 있었다.

3. 협동하는 탐구로

시험관 물을 냉각하면 수위가 내려간다. 이 현상을 경탄의 눈빛으로 관찰한 아이들은 그와 동시에 '거품'에 의한 설명을 포기하고 있다. 끓으면 거품이 생기지만, 냉각해도 거품은 생기지 않아 수위 하강과 거품은 무관하다. 그렇다면 수업 첫머리에서 누군가가 작은 목소리로 말한 "물이 부풀고 있다."라는 설명이 중요한 가설로 떠오른다. 물은 가열하면 '부풀고', 냉각하면 '줄어드는' 것일지도 모른다.

간노 선생 수업은 개인과 개인이 서로 부딪음으로써 형성되는 협동적 배움을 핵심으로 전개되고 있다. 일반적으로 교사는 아이들이 성공하면 자신의 지도 결과라고 말하는 습성을 갖고 있고, 아이들이 실패하면 그 아이들 성격이나 태도, 가정환경의 결과라고 말하는 습성을 갖고 있다. 그러나 성공하든 실패하든 아이들의 배움이 교사가 지도한 이상으로 아이들 상호 간에 서로 배우는 영향을 크게 받고 있다는 사실을 깨달은 교사는 적다.

간노 선생은 아이들의 배움이 교사와의 커뮤니케이션 이상으로 아이들 상호 간 커뮤니케이션에 의해 보다 많이 전개된다는 사실을 깨달은 많지 않은 교사 중 한 사람이다. 그래서 간노 선생은 아이들이 서로 대화할 수 있는 기회를 조직하고, 작은 중얼거림이 교류할 수 있도록 세심한 주의를 기울이고 있다. 이 수업으로 말한다면 수업 시작과 도중, 마지막 세 번에 걸쳐서 조직한, 교실 앞에서 둥글게 앉아서 서로 얘기하고 서로 말하는 것보다 실험 도중에 각자 테이블에서 주고받는 작은 대화의 집적集積에서 아이들은 보다 많은 것을 좀 더 내실 있는 형태로 배우게 된다. 서로 배우는 관계가 구축된 교실에서는 언제나 아이들이 함께하는 배움이 교사의 계획이나 인식을 넘어 전개되고 있다. 실제 이 수업에서도 아이들 배움의 중요한 대부분은 두 개 실험을 행한 테이블에서 성립되고 있었다.

하나 더, 간노 선생 수업에서 협동적인 배움을 뒷받침하는 원칙이 있다. 그 교실에서 가장 소외된 아이나 수업에 어려움을 갖고 있는 아이를 서로 배우는 중심에 설정하는 방법이다. 이 설정은 아이들에게는 불가능하고, 교사의 설정에 따라서 가능하게 되는 역동적인 커뮤니케이션 무대를 준비한다. 이 수업에서도 다른 친구와 주고받지 않는 유카由香가 그 무대의 주역을 맡고 있었다. 유카는 전원이 모이는 장면이 되면 언제나 간노 선생과 신체를 접촉시켜 정서 안정을 유지하면서 대화에 참가하고 있다. 어떤 때는 수업 진행의 보조역으로 기구나 자료를 간노 선생에게 직접 전해 주고, 어떤 때는 자기가 발견한 것을 전하러 활약하며, 교실 아이들의 상호 대화가 넉넉해지도록 이끌고 있었다.

이렇게 '물의 팽창'을 주제로 하는 과학과 수업은 마지막 정리 단계를 맞았다. 교실 앞에 둥글게 앉아서 냉각한 물의 수위 변화를 확인하고 나서 수업 첫머리에서 뜨거워지기 시작한 플라스크를 덮고 있는 검은 상자를 벗겼다. 끓는 플라스크의 물 수위는 매직 선magic line을 넘어 상승하고, 게다가 중량을 측정해도 변화는 없었다. 간노 선생은 플라스크 수위가 상승한 것은 "거품의 성질일까?"라고 다시 질문을 한다. 마술이라고 생각하는 아이가 한 사람도 없다. 수업 첫머리에서 작은 목소리로 들렸던 "부풀고 있어요." 하는 중얼거림이 지금은 아이들 전원에게 공유되고 있다. 물론 '물이 부풀다(줄어들다)' 현상의 원인을 아이들이 설명할 수 있다는 것은 아니다. '물의 팽창'이 과학적 탐구 문제로 성립한 것이다. 간노 선생은 이 문제를 '물의 불가사의'로 이름 붙이고, 다음 수업에서 탐구할 문제로 설정하고 수업을 마쳤다. 조용한 여운이 남는 결말이었다.

서로 듣는 관계에서
서로 영향을 주는 관계로

1. 커뮤니케이션

서로 배우는 교실은 서로 듣는 관계에서 서로 영향을 주는 관계로 발전한다. 가나가와 현 지카사키 시 하마노고초등학교 니시오카 마사키西岡正樹 선생은 아이 한 사람 한 사람의 개성을 성장시키고, 교실에 서로 영향을 주는 관계를 구축하고 있는 교사 중 한 사람이다. 그 니시오카 교사의 교실에서 2000년 11월에 관찰한 '하얀 모자' 수업을 소개하고자 한다. 하마노고초등학교는 '배움의 공동체'를 내세운 파일럿 스쿨pilot school로 알려져 있다. 이날은 월 1회 수업을 공개하는 날이었기 때문에 전국에서 50명이 넘는 교사들이 찾아와 니시오카 선생의 수업을 참관했다.

수업은 참관자의 열기 때문에 그 어느 때보다 더 크고 높은 목소리로 손을 드는 아이들을 니시오카 선생이 진정시키는 것으로 시작되었다. 이날 읽기는 교재 맨 뒤 장면으로 나비가 '좋아, 좋아' 하고 춤추고 있는 것처럼 보이는 장면이다. 먼저 히로미宏美가 이 장면에서는 "살려 준 나비가 마치 천국 같은 곳으로 마쓰이松井 씨를 데리고 갔어요."라고 발언한다. 그것을 받아서 미쓰코美津子가 "'아련히', '비눗방울이 터지다'라는 말에 마쓰이 씨다운 부드러움이 느껴져요."라고 말하고, 다시 그것을 받아 모모코桃子가 "지금까지 한 발언 속에 들어 있는 '마쓰이 씨의 부드러움'은 모두에게 가닿아 전달되는 듯한 '부드러움'이라고 생각해요."라고 잇는다.

아이들도 니시오카 선생도 자연스럽고, 사고나 감정도 유연하다. 이 자연스러운 전개에 나는 홀리고 말았다. 불과 몇 분 동안에 일어난 사건이고, 손을 드는 수많은 아이들 중 세 사람이 발언했을 뿐인데 교재 핵심에 접근하는 포석布石이 직물처럼 엮여 나가고 있다. 나비의 춤으로 상징되는 마쓰이 씨의 부드러움을 표현하는 '가닿게 하는 부드러움', '전달되는 부드러움'이라는 말은 이 이야기가 마쓰이 씨 엄마가 보내 준 초여름 향기를 '전하는' 여름 밀감을 발단으로 하고 있다는 것과 마쓰이 씨 직업이 사람을 '가닿게 하는' 택시 운전사라는 사실을 생각한다면, 넘칠 정도로 충분히 포석이 이루어지고 있다.

그것을 숙지하고 있는 듯 시즈코志津子가 "60쪽에, 자동차 안에는 확실히 여름 밀감 향기가 남아 있다고 적혀 있어요. 이 이야기는 사실 하루 동안 이야기인데 하루가 아닌 것 같아요."라고 말하고, 요시코良子가 "엣, 이거 하루야?"라고 응

답했다. 그러자 "59쪽에, 백미러에 비친 여자아이 말인데 유령 아닐까?"라고 다카시隆가 발언하고, 그 '백미러'라는 단어에 촉발된 사치오幸男가 "마쓰이 씨가 다케오たけお 군이 입을 '0자'로 하고 있다고 생각했을 때 마쓰이 씨 입도 '0자'로 하고 있었다고 생각해요."라고 말해 교실에 웃음이 넘쳤다.

니시오카 선생은 여기서 요시토義人를 지명, 그런데 요시토가 "저는 지금, 듣고 있지 않았습니다."라고 온순하고 얌전하게 반성하자 "요시토답구나."라고 쓴웃음을 지으면서 요시토의 진정성을 따뜻하게 받아들였다.

2. 연결의 연쇄

서로 배우는 수업은 개인과 개인의 닿음에 의한 의미와 관계를 연결하는 연쇄로 구성된다. 교재와 아이, 교재 속의 말과 말, 그 다의적인 의미와 의미의 연결, 아이와 아이 그리고 오늘의 아이와 어제의 아이 등 교실에 다원적이고 다층적인 연결이 직물과 같이 서로 짜여 간다.

니시오카 선생의 코멘트에 이어서 사토미里美가 "60쪽과 61쪽 '생각해 생각해'와 '춤추듯이' 그리고 '여름 밀감 향기'는 연결되어 있다고 생각해요. 남자아이가 배추흰나비를 놓아준 것이나 여름 밀감 향기도 마쓰이 씨 마음속에서는 하나로 연결되어 있다고 생각해요."라고 발언한다. 그러나 이 발언은 결론을 서둘러 낸 것 같다.

　사토미 의견을 이해하지 못한 요시토가 "하얀 나비에서 맨 처음에 히로미가 말한 것처럼 '천국'에서 춤추고 있는 나비는 모두 죽은 것일까?"라고 말해 교실은 술렁거림과 웃음으로 둘러싸였다. 그러자 히로코裕子가 "'마쓰이 씨에게는 그런 소리가 들려서'라고 한 데서, 마쓰이 씨'에게는'이기 때문에, 마쓰이 씨는 나비를 놓아준 곳에서 워프warp했을지도 몰라."라고 말한다. 그것을 받아들여 마사시正志는 "59쪽에서 마쓰이 씨는 마음속으로 웃음이 나와 그것이 쭉 이어지고 있었다고 생각해요."라고 말한다.

　니시오카 선생은 마지막 장면으로 좁혀서 의견을 나누고 싶다고 생각하고 "여러분의 몸속에 남아 있는 읽기가 밖으로 나와서 좋은데, 오늘 이 장면으로 좁히는 것은 어떨까요?"라고 방향을 제시했지만, 아이들 발언 연쇄가 주도권을 잡고 있다.

　"마사시 의견과 연결되는 것……."이라는 니시오카 교사의 지시를 가로막고, 요시토가 "54쪽 '다케야마 유치원 다케 다케오たけやまようちえんたけのたけお'라고, 마법 주문 같은 거네요."라고 발언한다. 그러자 마쓰이 씨가 자기 암시에 걸렸다는 요시토의 해석에 대해 미쓰코가 "어쨌든, 남자아이는 유치원생이기 때문에 나비가 둔갑했다고 생각해 버린 거예요."라는 의견을 덧붙였다.

　물론 이와 같이 속도가 빠른 문맥의 연쇄에 대해서 이해하지 못하는 아이도 있다. 그때에 "모르겠어요."라는 소리가 솔직하게 나오는 것이 니시카와 선생 교실의 훌륭함이다. 이렇게 복잡하게 얽혀 있는 상황에서도 "저는 모르겠어요."라는 소리가 가쓰토克人에게서 나왔다. 그것에 맞춰 미치코美智子가 "내가 생각한 것은, 마쓰이 씨도 유치원생처럼 되고 있다는 거예요."라고 새로운 해석을 첨가하자 대화는 더욱 진전되었다.

'마쓰이 씨도 유치원생처럼 되고 있다'는 미치코 해석에 촉발되어 미사코美佐子는 "'놀라워라'라고 하는 마쓰이 씨의 말에는 마쓰이 씨의 부드러움뿐만 아니라 마쓰이 씨 자신의 웃음도 들어 있다고 생각해요."라고 발언하여 많은 아이들에게 공감을 불러일으켰다.

니시오카 선생은 미사코 발언에 감탄하고, "미사코가 말하고 있는 것은 마쓰이 씨에게는 부드러움뿐만 아니라 유머 감각도 있다는 것이에요."라고 보충한다. 그리고 "오늘 수업에서 서로 얘기하는 것을 들으니, 한 사람 한 사람의 읽기가 모두 연결되어 있었어요. 서로 얘기하는 즐거움은 연결에 있습니다."라고 확인하고 있다. 벌써 급식 시간이다. 니시오카 선생은 "아직 이야기할 게 남은 것 같으니까 다음 주에 계속해서 이야기를 나누기로 해요. 마지막으로 누가 읽어 줄래요?"라고 제안하자, 도시키俊樹와 미에코美惠子가 소리 내어 읽고 수업을 마쳤다.

3. 배움의 주인공으로서 아이

수업을 끝낸 직후 니시오카 선생은 수업을 기록하고 있는 나에게 "저보다도 아이들 쪽이 깊이 연결해서 읽고 있어요. 당해 낼 수가 없습니다."라고 웃으면서 얘기한다. 나 자신도 이 교실 아이들에게 놀라고 있었다. 이 수업은 '하얀 모자'를 읽기 시작해서 10시간째 수업이었는데, 아이들은 그 10시간 분량의 친구 발언 하나하나를 모두 이해하여 그 연결 속에서 친구들의 발언을 이해하고, 자기만의 읽기를 구성해서 발언하고 있다. 물론 그 10시간 분량 발언의 연쇄는 아이 한 사람 한 사람 저마다 다른 의미가 네트워크를 형성하고 있다. 이 교실에는 '하얀 모자'라는 교재 한 편을 둘러싼, 30회 이상 읽기가 만들어 낸 의미의 네트워크가 존재하게 된다.

지금까지 몇 번이나 이 교실과 가까이에 있는 교실을 참관한 적은 있다. 그러나 그들은 고학년 교실이고, 4학년 교실에서는 처음이다. 한 사람 한 사람이 10시간 분량의 친구 발언 연쇄를 형성하고 있다는 것은 바꾸어 말하면 이 교실 아이들은 누구나 교사가 되어 수업을 조직할 수 있다는 것이다. 니시오카 선생이 "당해 낼 수가 없습니다."라고 말하는 것도 무리가 아니다.

하마노고초등학교에서는 개교 이래 3년 동안, 연간 100회 이상 수업 사례 연구를 거듭하여 교실에 서로 듣는 관계를 기르고, 서로 배우는 관계를 구축하는 것에 도전해 왔다. 그

축적이 니시오카 선생과 같은 수업을 실현하고, 개인과 개인의 서로 닿음에서 서로 영향을 주는, 배움을 창조하는 아이들을 길러 왔다. 하마노고초등학교에 있는 개성이 풍부한 교사 중에서도 니시오카 선생은 특히 개성적인 교사다. 작년에 이 학급 담임을 맡은 이래, 아이 한 사람 한 사람을 주인공으로 하고, 아방가르드풍의 독자적인 감각적 관계를 기초로 하여 개성이 풍부한 아이들을 길러 왔다. 동료 교사 누구나 말하는 것처럼 니시오카 선생 수업은 '흉내 낼 수 있는 것은 아니다'라고 할 수 있고, 이 수업검토회에서 니시오카 선생 자신도 얘기한 것처럼 니시오카 선생 교실에서 서로 배우는 관계는 2년간에 걸쳐서 '친구의 말에 귀 기울이기', '자신의 읽기를 갖기', '작은 차이로부터 배우기' 등 배움의 기본을 반복해서 지도해 온 결과다.

그렇다 치더라도 어째서 아이들은 10시간에 이르는 수업에서 한 친구들의 발언을 모두 이해하고 있을까? 나는 아이들 한 사람 한 사람이 배움의 주인공으로서 교실을 만들어 온 결과라고 생각한다. 예를 들면 누군가에게 인솔되어 간 여행에서 인상에 남는 것은 단편적인 풍경이나 사건밖에 없지만, 혼자서 여행을 하면 그 여행에서 본 풍경이나 사건 한 장면 한 장면이 언제까지나 기억되어 선명하게 떠오른다. 니시오카 선생 학급 아이들은 한 사람 한 사람이 주인공이 되어 교재의 언어나 친구들 의견과 몇 번이나 만나고, 혼자 하는 여행과 같은 만남과 대화를 교실 친구와 함께 추구해 온 것이라고 생각한다. 그 훌륭함에 나는 감동했다.

그로부터 두 달 후 니시오카 선생은 교직을 그만두고 오토바이를 타고 세계 일주 여행을 떠났다. 청년 때부터 꿈꾸어 온 꿈의 실현이다. 교장도, 동료 교사들도 함께 일할 것을 강하게 타일렀지만, 니시오카 선생은 이 이상 나이가 많아지면 체력적으로 무리라고 하면서 교사로서 충실했던 때를 체험할 수 있었던 것이 결심을 굳히게 한 것이라고 한다. 과연 니시오카 선생다운 인생이다. 세계 일주 여행으로 또 다른 새로운 바람을 준비할 것임에 틀림없다. 몇 해 지나 복직하기를 기대한다.

아이, 배움의 주인공

1. 모양 바꾸기

하라다 미요시原田三好 선생은 도호초등학교桐朋小学校(도쿄
도 조후 시) 비상근 강사로 4학년을 가르치고 있다. 1년 전부
터 담임을 맡고 있는 학급인데 아무래도 안정이 안 된다. 대
화를 중심으로 하는 수업을 바라지만, 오늘날의 도시 아이
들이 저마다 말하고 싶은 것을 말할 뿐, 친구들의 의견을 들
으려 하지 않는다. 이 아이들이 4학년 신학기를 맞이할 때
아키토明人 어머니가 사방 20센티미터인 패치워크patchwork
200장을 학급에 제공해 주었다. 하라다 교사는 여기에서 큰
결심을 하게 된다. 이 패치워크 200장을 서로 연결해 카펫
10장을 만들어 책상과 의자를 양 끝으로 밀어내고 교실 전
체에 깔기로 했다. 카펫으로 교실 바닥을 덮자 아이들은 저
마다 생각한 자리에 눌러앉아 "하라 샘(하라다 선생 애칭), 이
거 좋아요. 이걸로 공부해요."라고 말한다. 이 아이디어를 들

은 하라다 선생의 남편(목재상)이 두꺼운 합판으로 조금 큰 테이블을 네 개 만들어 주었다. 그 위에 테이블보를 씌우자 교실은 천 촉감으로 둘러싸인 부드러운 공간으로 변모했다.

그렇게 해서 생겨난 데라코야寺子屋(에도 시대 서민을 위한 초등 교육기관으로 우리 식으로 하면 서당) 비슷한 교실은 합숙 연구회와 같은 수업을 실현하게 되었다. 지금까지 떨어뜨린 연필이나 고무지우개가 그대로 쓰레기로 버려져서 아무렇게 나 흩어져 있던 교실이 먼지 하나 없이 온화한 장소로 바뀌었다. 큰 소동을 피우는 목소리도 교실이나 복도를 뛰어 돌아다니는 모습도 줄어들었다. "저요! 저요!" 하고 시끄러웠던 수업도 차분하게 안정되고, 머리를 바짝 가까이 대고 작은 목소리로 잡담을 주고받는 수업 풍경으로 바뀌었다. 이러한 교실 모습 교체는 대단한 일이며, 보통 교실에서 행하고 싶은 수업이기도 하다. 수업 시간표를 연구해서 일주일에 3일은 데라코야풍 교실, 나머지 3일은 보통 교실에서 수업을 하기로 했다. 아직은 시작이다.

2. 재배와 장사를 배우다

이 학교에서는 1학년부터 6학년까지 재배 활동을 하고 있다. 어느 학년도 감자와 고구마, 무는 재미없다고 생각한 하라다 교사는 지난해에는 열매가 달리는 모양이 재미있는 땅

콩과 목화를 재배하기로 했다. 그래도 아이들은 전혀 돌보려고 하지 않았다. 아무리 구슬려도 돌보려 하지 않아서, 결국 하라다 선생이 물을 주고, 풀을 뽑아 그럭저럭 열매를 관찰할 수 있었다. 올해는 목적을 갖게 하고 싶다. 그래서 "재배한 것을 팔아 보고 싶어요."라고 중얼거린 가즈오和男의 말을 채택하고, 재배 활동을 상업과 결부시키기로 했다. 만약을 위해 미야하라 히로카즈宮原洋一 교장에게 의논하자 "나도 옛날에 아이들과 무를 재배해서 팔았던 적이 있습니다. 재미있을 거예요."라고 격려해 주었다. 범이 날개를 단 격이다.

아이들은 '돈을 벌게' 되자 갑자기 활기를 띠었다. 도서관에서 재배에 관한 책을 빌려서 계획을 세우는 데 푹 빠졌다. 돈에 대한 욕망은 굉장하다. '무엇을 재배할까?'에 대한 대화인데도 작물 종류도 정하지 않고 '얼마에 팔까?' 하는 가격에 관한 이야기로 꽃을 피운다. 이미 아이들 머릿속에는 채소를 팔고 받은 돈을 손으로 세고 있는 자기 모습으로 가득 차 있을 것이다.

즉시 밭을 넷으로 나누고, 퇴비를 넣고 이랑을 만든 뒤, 묘를 심고, 씨앗을 뿌렸다. 그러고 나서 매일 당번 때마다 아이들은 진지하게 재배 활동에 전념하여 냄새 나는 비료인데도 손으로 코를 막지 않고, 더운 날에는 땀을 흠뻑 흘리며 돌보기를 계속했다. 뭔가 변화가 일어날 것 같다. 비가 내려도 흠뻑 젖으면서 물을 주는 모습이 익살스럽기는 하나, 그 모습이 상징하는 바와 같이 아이들은 물이나 비료 외에도 자신들 마음을 쏟는 노력을 했다. 그 성과는 열매를 맺어 6월 중순에는 조금씩 수확할 수 있게 되었다.

먼저 고마쓰나小松菜를 수확하게 되자 아이들은 교무실에 가서 "무농약 채소입니다."라고 선전하고, 교사들에게 한 봉지에 98엔으로 팔았다. 계속해서 피망, 가지, 오이, 토마토를 수확하고, 그룹마다 앞다투어 팔러 다니는 활동이 도호 초등학교 구내 여기저기에서 조금씩 볼 수 있게 되었다. 처음에는 초등학교 교무실로 밀려든 아이들이었지만, 단기대학 학생이나 교사, 유치원 어머니들에게까지 고객을 확장하고, 도호대학교 교수 연구실까지 방문해서 판매하게 되었다. 채소 판매를 통해서 아이들 생활 세계는 점점 확대된 것이다.

그러던 어느 날 유카由香가 "우리 엄마 회사에서 햄스터를 촬영했는데, 이제는 필요 없어서 우리 학급에 줄 수 있다고 하는데, 함께 키워 보면 안 될까?"라는 제안을 학급회의에서 했다. 하라다 선생은 "나는 햄스터는 싫어요."라고 말했지만, 아이들이 기르고 싶어 해서 어쩔 수 없었다. 열심히 의논한 끝에 채소를 팔아서 사료 대금으로 쓰고 교실에서 키우기로 했다. 이 의견에 반대한 사람은 처음부터 "채소 판 돈으로 파티 하자!"고 말한 남자아이 여러 명이었다. 그러나 이 아이들도 결국 설득되어, "그래 좋아. 그치만 햄스터는 도중에 죽을지도 몰라. 그러면 다 함께 파티 하는 거야."라며 완고하게 반대했던 기시貴志도 마지못해 승낙했다.

이렇게 해서 아이들은 재배 활동 목적을 명확히 하여 채소 재배와 판매에 관해서 한층 더 열의를 쏟았다. 슈퍼마켓이나 채소 가게에서 가격을 조사하여 보다 싼값으로 값을 매긴다든지, 채소 품질을 살펴서 가격을 정한다든지 하는 등 판매 전략을 명료히 했다. 유치원 어머니들에게는 '햄스터' 얘기를 하면서 채소를 사 달라고 할 뿐만 아니라 캄파니야kampaniya(대중에게 호소하여 자금을 모으는 활동)를 배웠다. 그리고 지금, 이 학급 아이들은 가을에 어떤 채소를 심고, 어떻게 판매할지 계획 세우기에 정신이 없다.

3. 미생물 세계로

이 학교 4학년은 총합학습으로 '쓰레기와 환경'을 배우기로 되어 있다. 지금까지 4학년은 상수도를 조사하는 총합학습을 계속하고 있는데 하라다 선생은 오히려 하수도 조사를 주제로 했다. 그 외에 환경문제를 원자 수준으로 잡고 자연 순환 사이클로 인식시키고 싶다고 생각했다. 가설 실험 수업 교재인 〈만약 원자를 볼 수 있다면〉을 사용하여 수업을 하고 다이옥신 분자 모형을 배우며, 교재 〈먹거리와 대변〉을 사용하는 수업을 통해 지구상의 식물, 동물, 인간은 모두 '들어가면 나온다'는 순환 속에 있다는 사실을 인식한다.

이 수업을 진행하면서 아이들이 친구들 이야기를 차분하게 서로 듣고, 자세하고 구체적으로 의견을 교류하려고 한다는 사실에 하라다 선생은 놀라워했다. 패치워크 카펫에 의한 원만한 배움의 관계가 보통 교실 공간 속에 그대로 옮겨 오고 있다. 그리고 채소 재배에 현명하게 몰두한 아이들은 현상을 세심하게 관찰하고, 발견한 것이나 생각한 것을 자기 언어로 표현하는 힘을 기르고 있었다.

이 총합학습도 아이들에 의해 의외의 전개를 이루게 된다. 하수처리장을 방문하고, 관찰했을 때의 일이다. "생활하수를 분해한 미생물은 모두 자멸해 버렸습니다."라는 설명을 듣고, 아이들은 "미생물은 위대해요."라고 감동한다. 미생물에 대한 존경의 감정을 담고 있다. "미생물은 존경스러워요.", "위대해요."라는 말이 여러 곳에서 들린다. 의외의 전개에 하라다 선생은 놀라고 말았다. 아이들은 그다음 날까지 물속 미생물, 땅속 미생물, 체내 미생물에 관해서 조사하는 활동을 전개했다. 그리고 도호고등학교 생물 교사가 학생 시절에 미생물을 전공하여 연구했다는 것을 우연히 듣고는, 이 교사를 교실로 초대하여 강의를 부탁하게 되었다. 그날 교사에게서 '인간의 대변 80퍼센트 이상이 미생물 시체'라는 것을 배운 아이들은 점점 미생물에 대한 관심과 미생물을 존경하는 마음이 커졌다.

하수도 학습에서 야외 활동은 빠뜨릴 수 없지만, 도쿄도 하수도는 땅속 깊이 묻혀 있어서 관찰하는 것은 곤란하다.

그러나 고다이라小平 시에는 땅속 25미터에 묻혀 있는 하수도를 관찰할 수 있는 '상통하는 하수관'이라는 시설이 있다. 하라다 선생은 어머니들을 설득하여 아이들과 함께 이 시설을 견학하기로 했다. 방문해 보니, 도쿄 도내에서는 비교적 깨끗한 물이 흐르고 있는 하수도지만, 그럼에도 강렬한 메탄가스 냄새가 코를 찔렀다. 이 경험이 기초가 되어 2학기에는 어머니들도 아이들과 함께 배우는 총합학습으로 발전할 것이다. 그 예감을 간직하고 하라다 선생과 아이들의 1학기가 끝나 가고 있다.

하라다 선생 학급이 보낸 4월부터 3개월간은 아이들 배움의 관계 만들기에서 귀중한 시사점을 보여 준다. 하라다 선생의 보고를 들으면서 나는 '아이들은 배움의 주인공'이라는 말의 의미를 음미하고 있었다. 학교는 많은 사람들이 서로 배우고 서로 성장하는 장소다. 그리고 학교가 서로 배우고 성장하는 장소가 되기 위해서는 학교는 아이와 교사 그리고 학부모가 각각 '주인공'으로 태어나는 장소가 되어야 한다. 아이들을 '주인공'으로 하는 수업은 많지만, 교사가 '주인공'으로 태어나지 않는 한 아이들을 '주인공'으로 하는 수업은 이루어질 수 없다.

이 실천 보고를 들으면서 다시 한 번 생각하게 된 것이 있다. 우리들은 아이들의 배움을 언제나 '미래를 위하여'에 한정하든가 또는 '발달을 위하여'에 한정해 버리고 있는 것은 아닌지……. 지금의 배움을 충실히 하고, 지금을 행복하게 살아가지 않고서는 미래의 배움도 행복도 없다. 하라다 선생도 학급 아이들도 이 3개월간 배움의 주인공으로서 지금을 충실하게 하는 배움을 전개시켜 왔다. 거기에 내일의 희망이 준비되어 있다.

이미지와 사고를 교류하는 교사의 응답

1. 자연스러운 배움

미에三重대학교에 근무하고 있었을 때(1980~1988년) 이시이 준지石井順治 교사를 중심으로 욧카이치四日市 시에서 월 1회 수업을 녹화한 비디오를 각자 가지고 모여 서로 검토하는 작은 연구회에 참가했다. 나에게 수업의 깊이와 어려움을 가르쳐 준 사람은 이 연구회 교사들이다. 이 연구회는 현재도 계속되고 있고, 지금도 이 교사들은 내가 가장 신뢰하는 동료이다.

그중에서도 나카무라 마나미中村真奈美 선생 수업은 아이 한 사람 한 사람의 자연스러운 배움에 서로 영향을 주고 깊은 탐구로 발전시키는 과정에는 한 사람 한 사람 발언에 대한 세심한 대응과 발언 연결에 기초가 되는 교사의 교재에 대한 이해가 전제되어야 한다는 것을 가르쳐 주었다. 1998년에 실시한 5학년의 '하이쿠俳句 수업'(미에 현 세

이와무라세이와초등학교勢和村勢和小学校)은 그 전형 중 하나다.

제재는 마쓰오 바쇼松尾芭蕉의 《마음속 좁은 길》의 〈고요히 바위에 스며드는 매미 소리〉. 나카무라 교사는 수업 전에 이 하이쿠에서 바쇼가 '산사와 돌에 젖어 드는 매미 소리'에서 '쓸쓸히 바위에 배어드는 매미 소리'로, 그다음에 '쓸쓸히 바위에 배어드는 매미 소리'를 거쳐 '고요히 바위에 스며드는 매미 소리'로 퇴고한 점에 유의하고 있다. '산사'가 '쓸쓸히'를 거쳐 '고요히'로, '돌'이 '바위'로, '젖어 드는'이 '배어드는'을 거쳐 '스며드는'으로 다듬은 과정에 이 하이쿠의 내부 세계가 투영되어 있다. 나카무라 교사의 교재 해석은 일반 교사와 같이 수업 지도안 작성을 위해 행해지고 있는 것은 아니다. 무엇보다도 나카무라 교사 자신이 이 하이쿠의 세계를 즐기기 위해 그리고 수업 속에서 한 사람 한 사람의 이미지나 읽기를 세심하게 듣기 위해서다. 아이들의 배움이 교류하고 발전하기 위해서는 수업안보다도 이 두 가지가 더 중요하다. 수업 전 단계에서부터 이미 나카무라 교사는 자연스럽다.

수업은 먼저 각자 자신이 느낀 이미지를 떠올리며 자신의 목소리로 소리 내어 읽는 것으로 시작되었다. 곧 "선생님, 그림 그려도 돼요?" 하는 소리가 울리고, 그 맞은편에서는 "고요히는 어떤 거지?"라는 중얼거림이 들린다. 그 중얼거림에 "고요하다는 뜻이라면 한자가 틀려요."라는 말도 들린다. 나카무라 교사가 '静고요하다'과 '閑한가하다' 두 한자를 칠판

에 표시하자 가즈히토數人가 "한자 사전 찾아보고 싶어요." 라며 사전을 들여다보고, 미키美樹가 "여름, 강물 소리, 매미가 울고 있어요."라고 이미지를 말한다. 계속해서 노조미のぞみ가 "하늘은 맑고, 강물은 졸졸 흐르고, 무척 아름다워요." 라고 발언하니 사치佐智가 "맴~하고 바위에 젖어 드는 매미 소리가 들려와요."라고 말한다. 마유미真由美가 "바위가 귀담아듣고 있어요."라고 덧붙인다. 수업을 시작하고 나서 불과 5분 동안에 이 수업에서 추구 가능한 모티브 몇 개가, 아이 한 명 한 명의 터질듯이 잇따르는 중얼거림 속에 생겨나고 있다. 이런 점이 나카무라 선생 수업의 매력 중 하나다.

2. 이미지와 사고를 연결하다

나카무라 선생이 마유미의 "바위가 귀담아듣고 있어요." 라는 발언을 반복하자 미도리緑가 "귀를 기울이고 있어요." 라고 말하고, 세이지誠司가 "바위에 숲에서 들려오는 매미 소리가 깊이 스며드는 것 같아요."로 연결한다. 사오리さおり가 "어디에서인가 들려와 바위도 조용하게 매미 소리만을 듣고 있는 모습"이라고 보충하자 노조미는 "덥다고 말하는데 우울해하는 듯한 느낌"이라고 말하고, 아키亜紀가 "쥐 죽은 듯 고요하여 매미 소리만 들려오고 있어요."라고 잇는다.

전체 정경이 나왔기 때문에 나카무라 교사는 "어떤 매미 소리일까?"라고 매미 소리에 초점을 맞추어 질문을 던졌다. 몇몇 중얼거림이 있은 후 사오리가 "시원하다고 할지, 아련하다고 할지 매미 소리는 땀을 흘리는 것처럼 더워서 괴로워하는 소리인데, 그런 것과는 또 다르고, 후련한 느낌의 소리로⋯⋯."라고 발언하자 다카시崇史가 "좀 심한 소리라고 생각해요. 시끄러운 소리인데, 이곳은 조용."이라고 대항한다. 나카무라 선생은 매미 소리가 '한 마리가 우는 고요한 소리'인지 아니면 '매미 여러 마리가 크게 우는 소리'인지를 구하지 않는다. 현실적으로 두 가지 해석이 아이들 속에 있고, 그것을 판별하는 근거가 본문에 없는 이상, 매미가 한 마리인지 많은지에 구애되는 것은 무리가 있다. 이 정도 판단의 경쾌함이 아이 한 사람 한 사람의 자연스럽고 개성적인 읽기와 그 교류의 리듬을 뒷받침한다고 생각한다.

나카무라 선생은 여기에서, 소리 내어 읽기 직후에 사치가 '젖어 들다'라고 표현한 점에 주의를 환기시키고, '젖어 들다'와 '스며들다'의 차이를 묻는다. 겐지健二가 "'스며들다'는 빨려드는 느낌인데, '젖어 들다'는 직접 바위에 연결되어 있어요."라고 답하고, 미도리가 "'스며들다'는 들려오는 매미 소리를 조금씩 빨아들이는 느낌"이라고 말하고, 마지막에 "가라앉은 느낌"이라고 덧붙였다. 나카무라 선생은 거듭 한 아이의 공책에 '배어들다'라고 적혀 있는 점도 받아들여 '배어들다', '젖어 들다', '스며들다'의 세 의미를 비교하여 발전시켰다.

이 물음은 이 하이쿠의 핵심으로 다가가는 물음이다. 이 물음은 나카무라 선생이 수업 전에 관심을 가졌던, 바쇼의 퇴고 과정을 기반으로 하고 있다. 그러나 더 중요한 것이 있다. 설령 이 물음이 이 구절의 감상 핵심에 다가가는 물음이었다 해도 혹시 아이들 스스로가 '배어들다', '젖어 들다', '스며들다'라고 하는 세 어휘를 상기시키지 않고, 차이에 관심을 기울이지 않았다면, 나카무라 선생이 이 물음을 수업 핵심으로 하는 일은 없었을 것이다. 이 물음이 수업 핵심으로 될 수 있는 것은 그 물음이 아이들 배움의 과정에서 필연성을 갖고 제기되었을 때로 한정되기 때문이다. 수업에서 탐구를 조직하는 물음은 그 탐구를 수행하는 아이들 자신에게 필연성 있는 물음이 되지 않으면 안 된다. 나카무라 선생이 이 진실을 숙지하고 있기 때문에 나카무라 선생 교실에서는 마치 마법과 같이 제재의 핵심에 다가가는 탐구가 아이들 스스로에 의해 수행된다.

나카무라 선생의 물음만으로 미도리가 "스며들다'는 매미 소리가 자신으로부터 바위 쪽으로 가는 느낌이 들어요."라고 발언하고, 나카무라 선생이 '배어들다'와 비교하여 설명하기 시작하자 마유미가 '~안에 넣다'라는 어감에 반응하여, 손으로 억지로 밀어 넣는 동작을 한다. 그 동작의 의미를 나카무라 선생이 교실 전체에 전달하고, 이 '스며들다'라는 어감을 살려 소리 내어 읽도록 한 사람 한 사람에게 요구한다. 이 미묘한 감각의 차이는 소리 내어 읽기에 의해 각자가 자신의 신체감각으로 파악하는 것이 제일이라고 판단 했기 때문이다.

3. 도전에 의한 싱그러움

"마지막으로 하나만 물을까?" 아이들이 소리 내어 읽기를 끝마치자, 나카무라 선생은 그렇게 물었다. "바쇼 작가는 어디에 있고, 어떤 느낌을 가졌을까?" 그 물음이 시작되자 곧 "상쾌한 느낌"이라는 중얼거림이 새어 나온다. 아키가 "안정되어, 바람이 살랑살랑 머리카락에 닿는 것처럼 기분이 좋은 느낌"이라고 말하자 미키가 "안정되어 있어요.", 노조미가 "혼자 있어요." 하고, 사치가 "(기분을) 북돋아요. …… 바람이 산들산들 불고 있고."라고 덧붙인다. 아이들 발언이 단편적인 것은, 그리고 단편적이면서도 하나로 연결되는 것은 발언되고 있는 말 이상의 말이 서로 영향을 주고 있기 때문이다. 그 침묵의 소리 속으로 나카무라 선생 자신도 녹아들고 있는 것 같다. 그렇기 때문에 미묘하게 옮겨 가는 말에도 민감하게 대응할 수 있는 것이다.

사오리가 "한마디로 말하면 기분이 아무것도 없게 된 느낌이 되어……"라고 작은 목소리로 말하는 것을 나카무라 선생은 확실하게 듣고 있었다. "아하, 무無가 된 상태를 말하는 거네."라고 보충하자 사오리는 이번은 명료한 말로 "아무엇도 없게 되어 안정이 생겨나고 있어요."라고 말한다. 그 것에 이어서 미도리는 "사오리와 비슷하지만, 아무것도 생각하지 않고 여유를 느껴 무어라 말할 수 없는 느낌으로 행복한 기분이 되고 있어요."라고 덧붙였다. 이 '무無'와 '여유'라고 하는 사오리와 미도리의 해석은 '閑한가하다'이라는 어휘의 울림과 의미에서 촉발되고 있다는 것이 분명하다. 나카무라 선생은 사오리와 미도리의 발언을 모두에게 전하고 "자, 마지막으로 각자 느낀 대로 소리 내어 읽고 수업을 끝낼까?"라고 제안한 후, 한 사람 한 사람 읽기를 마칠 때까지 듣고 수업을 마쳤다.

이 수업 모습을 녹화한 비디오를 관찰하고 나는 나카무라 선생의 수업 전개가 자연스럽다는 점에 감탄했다. 대체 어떻게 나카무라 선생의 교실에서는 자연스러운 배움이 실현되고, 한 사람 한 사람의 다양한 배움의 교류가 서로 영향을 주는 자연스러운 탐구를 만들어 낸 것일까? 그 비밀의 하나는, 확실히 아이 한 명 한 명에게 세심하게 대응하는 나카무라 선생의 태도에 있다. 나카무라 선생은 시원시원하게 대응하면서도 아이들의 작은 중얼거림과 움직임도 민감하게 받아들이고 있다. 나카무라 선생의 대응은 무너지기 쉬운 어휘 하나하나를 확실하게 연결해 가는 작업과 같다. 그에 대한 안정감과 신뢰감이 틀림없이 아이 한 사람 한 사람 배움의 교류를 뒷받침할 것이다. 예전 교사처럼 지나치게 힘을 준다거나 무게를 잡는 일은 없다. 경쾌하고 시원시원한 이미지와 사고가 서로 엮여 나간다. 훌륭하다고밖에 할 수 없다.

그러나 제재에 대해 적확한 접근을 해도, 아이 한 사람 한 사람에게 세심하게 대응해도, 더 소박한 부분에 나카무라 선생의 수업 핵심이 있다고 생각한다. 나카무라 선생은 이 수업을 보고한 연구회에서 이 시의 '전문前文'도 포함시켜 교재로 하는 아이디어를 시사했다. 그다음 해에 5학년 교실에서 '전문'을 교재로 한 수업에 도전했다. 초등학생에게는 난해하다고 생각할 수 있는 고문古文 문체인 '전문'이지만, 생각 외로 아이들은 이미지와 읽기를 넓혀 갈 수 있었다. 그 과정에서 나카무라 선생은 교실에 동화되지 않는 난폭한 남자아이와 밀접한 관계를 만들었다. 나카무라 선생의 자연스러운 수업 비밀이 여기에 있다. 나카무라 선생 스스로가 끊임없는 도전자이고, 가장 훌륭한 배움꾼인 것이다.

교사의 탐구가
아이의 배움을 뒷받침하다

1. 한 일러스트에서

  지카사키 시 하마노고초등학교 6학년 교실, 후쿠타니 히
데코福谷秀子 교사의 '사회과 총합학습' 수업이다. 주제는 '집'
이다. 후쿠타니 선생이 "자, 시작해 볼까요."라고 하자 아이
들은 각각 신축 주택의 방 배치를 나타낸 홍보용 일러스트
한 장을 자세히 보고 '생각나는 것'에 대해 이야기를 나눈
다. 네 명씩 그룹을 만들어 앉아 있는 아이들은 자연스러우
며, 분위기는 부드럽고 따뜻하다.

  2002년 후쿠타니 교사는 '가족과 삶'을 커리큘럼 핵심으
로 설정했다. 6학년 사회 교과는 역사가 중심이지만, 역사를
가르칠 때도 '주거 형태'에 주목해 왔다. 그 발전으로서 주
택 설계도에서 '가정생활 형태'를 생각하는 수업을 실시
하기로 했다. 교재로 선택된 일러스트의 방 배치는 일층
거실뿐만이 아니라 이층에도 공동 공간을 넓게 배치하는

한편, 부부 침실에도 개인 공간을 짜 넣었다. 더욱이 현관에 토방 공간이 넓게 배치되어 있고, 현관과 계단이 멀리 떨어져 있으며, 식탁이 거실과 부엌의 공동 공간 중심에 배치되어 있음에도 가족의 교류와 개인의 자유가 모두 존중되도록 한 설계자의 아이디어를 엿볼 수 있다.

맨 처음에 가즈코和子가 "다다미방이 없어요."라고 지적하고, 가즈키和樹가 "현관에 흙 묻은 발로 들어갈 수 있는 공간이 넓어요."라고 얘기한다. 그리고 마치코真知子가 "이층에 편안히 쉴 수 있는 공간이 있는데, 통풍이 잘 되게 되어 있어요."라고 칠판에 걸린 커다란 일러스트를 사용해 덧붙였다. 다른 아이들은 발언 하나하나를 잘 듣고 있다. 발언과 발언 사이에는 어느 그룹에서나 잔물결과 같은 웅성거림이 퍼진다. 이 두 특징만으로 후쿠타니 선생 교실 아이들이 서로 듣는 관계를 기반으로 서로 탐구하는 관계를 형성하고 있다는 것을 분명히 알 수 있다.

계속해서 마미코真美子가 "일층에도 이층에도 벽장이 없어요. 이불을 넣을 곳이 없어요."라고 발언한다. 후쿠타니 선생 의도에서 벗어난 발언이었지만, 후쿠타니 선생은 마미코의 발언을 받아들였다. "다다미방이 없기 때문에 이불을 넣을 수 없어요."(미치코道子), "서양식 건축이어서 벽장이 없어요."(도시키俊樹)라는 발언을 받아서, 후쿠타니 선생은 마미코의 '벽장이 없다'는 발견을 '수납공간' 배치와 연결하고 있다. 교실에는 더욱 큰 웅성거림의 잔물결이 일어난다. "이 공유

공간의 선반은 책장이 아닐까요?", "서고가 아닐까요?", "계단 밑이 큰 수납공간으로 되어 있어요.", "서고가 아니라 수납장" 등의 목소리가 어느 그룹에서나 교류하고 있다. 미키美樹가 "드레스룸walking closet 아니에요? 유미由美 집에 갔을 때 봤어요."라고 말하자 유미가 "엣? 난 모르는데……."라고 말해 교실은 폭소에 휩싸였다.

수납공간에 대한 화제가 한차례 계속된 뒤에 후쿠타니 선생은 본 주제로 되돌아가기 위해 이층 중심에 자리 잡고 있는 부부 침실에 주의를 돌렸다. 보통 침실보다 넓은 데다 그 양쪽 끝에 개인용 공간이 배치되어 있다. "양복을 구별해 두었잖아요."(가즈코), "부부라도 취미가 다르기 때문에 두 개의 다른 공간이 있는 거예요. 우리 아버지라면 거기에 조립식 장난감을 늘어놓을 텐데……."(미치히코道彦), "자유 공간으로 사용하는 사람이 어떻게 쓰는가에 따라 달라져요."(가즈오和夫)라는 발언이 계속되고 있는 사이에 다쓰히코竜彦가 칠판 앞으로 나와서 "난 이 공간을 잘 모르겠어요."라며 모두에게 도움을 청하는 말을 한다.

2. 아이들과 연결되다

후쿠타니 선생은 "부부가 한 침실을 쓰는데 왜 그 양쪽 끝에 자유 공간을 두 개나 만들었을까?"라고 고쳐 묻는다.

부부라 하더라도 '혼자 있고 싶은 마음'에 대해 배려한 것이라는 점을 알아차리기를 바랐던 것일까? 이 질문은 아이들에게는 조금 어려웠던 것 같다. '취미의 차이'까지는 미루어 짐작할 수는 있어도 그 이상은 알아차리지 못한 것 같다. 조금 전까지만 해도 발언 사이마다 생겨나고 있던 각 그룹 내 잔물결 같은 웅성거림도 멎었다. 잠시 의견을 들은 뒤 후쿠타니 선생은 가족 내 관계의 개인화와 공동화共同化에 관해서는 다음 수업에서 일층의 공유 공간을 중심으로 살펴보기로 하고, 수업이 끝났음을 알렸다. 그 직후 많은 아이들이 일러스트를 가지고 칠판 앞으로 우루루 몰려와서 후쿠타니 선생과 오세 도시아키大瀬敏昭 교장에게 말을 건다. 아이들은 각자 내면 성찰로 사색을 거듭하고 있었던 것이다.

이 수업은 결코 드라마틱하게 전개된 것이 아니다. 후쿠타니 선생이 추구한 '방 배치 디자인'에서 '가족 형태'를 서로 얘기하는 목적도 충분히 달성되고 있지 않다. 겨우 그 실마리가 보일 것 같은 시점에서 수업이 끝나서 사실 후쿠타니 선생의 지도안은 절반 정도에서 끝이 났다. 이 수업을 관찰한 많은 교사는 소화불량과 답답함을 느꼈음에 틀림없을 것이다.

그러나 이 수업에서는 드라마가 몇 개 진행되고 있었다. 주인공 중 한 사람은 등교 거부 기미가 있던 미쓰히코光彦다. 미쓰히코는 그날 아침 학교에 갈지 말지로 어머니와 크게 다투었고, 후쿠타니 선생에게서 전화로 "오늘은 지명하지 않을게."라는 약속을 받고서야 겨우 앞 시간에 보건실로 등교했다. 보건교사인 오호於保 선생이 다독거린 덕에 눈물을 가득 글썽이며 이 교실 수업에 들어와 있었다. 미쓰히코는 산수와 같이 답이 하나밖에 없는 수업이면 참여하여 발언도 할 수 있지만, 적어도 자기 내면을 표현하는 발언을 요구하는 수업은 공포심이 앞서서 참여하지 못한다. 그런 미쓰히코가 이 수업에 참여해 모둠 내 다른 아이들의 도움을 받고 일러스트를 자세히 보면서 스스로 탐구했다. 발언은 하지 않았지만 "미쓰히코, 말하고 싶은 것은 내일 수업에서 말하자꾸나."라고 후쿠타니 선생이 말을 걸자 기쁜 듯이 고개를 끄덕였다. 이 수업 전에는 보건실에서 오호 선생이 미쓰히코와 함께 일러스트를 보면서 예습을 했다고 한다. 수업 직후에 미쓰히코는 자기 생각을 후쿠타니 선생에게 살그머니 얘기하러 오고 있었다. 이러한 미쓰히코 드라마 하나에서도 이 수업이 얼마나 귀중한 일이었는지를 알 수 있다.

수업 도중에 느릿느릿 칠판 앞으로 나와서 "난 이 공간을 잘 모르겠어요."라고 모두에게 도움을 청한 다쓰히코의 모습도 인상적이었다. 보통 사람 이상으로 수줍음을 타는 다쓰히코가 "난 모르겠어요."라고 발언한 적은 지금까지 한 번도 없었다. 대화가 무르익을 때, 이러한 다쓰히코의 요구를 곧장 받아들인 교실 아이들도 멋지다. 다쓰히코의 기특한 첫걸음, 그 첫걸음을 온전히 받아들인 아이들에게 감동하여 후쿠타니 선생의 눈은 젖어 있었다.

3. 탐구가 있는 수업

이와 같이 도중에 벗어나기도 하지만 얼핏 보면 미적미적하고 정체된 것처럼 보이는 수업에 보이지 않는 드라마가 몇 개 묻혀 있다. 아니 오히려 반대로 말하는 것이 정확하다. 만약 후쿠타니 선생이 미쓰히코가 뗀 용기 있는 첫걸음을 정면에서 받아들이지 않았다면, 어땠을까? 마미코의 '벽장' 발언에 얼마만큼 신중하게 대응했을까? 본론에서 벗어나는 마미코 발언을 보통 때처럼 가볍게 여겼다면, 본 주제 추구에 전념한 것이 된다. 그렇게 했다면 틀림없이 이 수업은 목표를 더 깊이 탐구할 수 있었을 것이다. 그러나 후쿠타니 선생이 '벗어남'을 각오하고 마미코가 '수납공간'에 주목한 것을 존중했기 때문에 수업 전개는 벗어나서 완전히 정체되기까지 했지만, 마미코의 생각은 탐구로 발전하고 미쓰히코는 즐겁게 모둠 내 중얼거림에 참여할 수 있었다. 그리고 다쓰히코는 용기를 내어 "모르겠어요."라고 교실 앞으로 나가서 도움을 청할 수 있었던 것이다. 이처럼 벗어나고 막히고 정체되면서 더듬더듬하는 수업 전개였기 때문에 미쓰히코나 다쓰히코로 상징되는 배움의 드라마가 생겨난 것이다.

후쿠타니 선생 수업은 훌륭하다. 일반적으로 교사는 '좋은 발언'을 연결해서 '좋은 수업'을 하려고 노력한다. 그 결과 수업은 매끄럽게 전개되지만, 미쓰히코나 다쓰히코 같은 배움은 끊어져 버린다. 후쿠타니 선생 수업은 그것과는 다른 지평에서 이루어진다. 교실에 '좋은 의견'과 '좋지 않은 의견'이 있는 것은 아니다. 어느 아이 발언도 훌륭한 것이다. 아이 한 사람 한 사람의 생각을 하나도 빠짐없이 존중하는 것이 후쿠타니 선생의 수업 기반이 되고 있다. 그렇게 되면 수업 전개는 때에 따라서는 벗어날 수밖에 없고, 막힐 수밖에 없으며, 정체될 수밖에 없다. 세련된 전개가 아닌 뒤뚝거리는 전개가 될 수밖에 없다. 그 각오가 굳건했기 때문에 후쿠타니 선생의 교실에서는 아이들이 서로 배우고 서로 지지해 주는 것이 형성되어 있고, 자기에게 충실한 개성적인 배움이 이루어지고 있으며, 다양한 이미지와 사고가 교류하고 있다.

아이 한 사람 한 사람의 발언을 하나도 빠짐없이 존중하면 일반적으로 의견이 분산되고 가장 중요한 내용에 대한 탐구가 소홀해지기 쉽다. 그러나 후쿠타니 선생의 교실에서는 벗어나고 정체하는 것 같아도 아이들 사고가 너무 멀리 벗어나지 않고, 중심 주제 탐구가 소홀해지지 않는다. 그 비결은 무엇보다도 후쿠타니 선생 자신이 '설계 일러스트'에서 '가족 형태'를 아이들과 함께 탐구하고 있다는 점에 있다. 교사 자신의 주제 탐구가 아이들이 떠올린 다양한 이미지와 사고를 연결하는 것이다. 이런 비밀도 후쿠타니 선생의 수업에서 배워야 할 사항 중 하나다.

수업 마지막 단계의 정체를 뛰어넘을 방법이 없었던 것은 아니다. 중얼거림이 사라진 시점에서 나라면 10분 정도 모둠 내에서 의견을 서로 긴밀히 주고받을 수 있도록 이끌었을 것이다. 교사는 한층 더 아이들끼리 서로 배우는 가능성을 믿어도 좋다.

제4장

수업 만들기에서
학교 개혁으로

학습 참가 실천

-학부모와 연대하여 수업을 만들다

1. 수업 참관에서 학습 참가로

미에 현 욧카이치 시 미즈사와초등학교水沢小学校 3학년 교실에서 나이토 유코內藤裕子 선생이 학습 참가 실천을 시작한 것은 2000년 10월의 일이다. 학습 참가는 보호자가 수업에 참가하여 교사나 아이들과 함께 서로 배우는 형식이다. 학습 참가 형식이 최초로 시행된 것은 1994년 니가타 현 오지야 시 오지야초등학교에서였다. 오지야초등학교 히라사와 겐이치平澤憲一 교장과 이 학교 연수에 협력하고 있던 내가 21세기 학교상인 '배움의 공동체' 구축의 일환으로 종래의 수업관을 학부모가 교사의 수업 창조에 협력하고 연대하는 학습 참가로 전환하는 개혁을 추진한 것이 시작이다. 이 학습 참가 실천은 이후 TV, 신문, 잡지 등에서 몇 번이나 소개되어 전국 각지의 초등학교, 중학교에 보급되고 있다.

나이토 선생은 오지야초등학교 학습 참가 구성을 알게 된

당초부터 학부모와 아이들이 교실에서 함께 서로 배우는 학습 참가에 매력을 느껴 왔다. 그래서 지카사키 시 하마노고 초등학교 공개연구회에 참가해 아이들이 많은 어른과 관계를 맺으면서 서로 배우고 있는 모습을 보고 자신도 학습 참가 실천에 도전하겠다고 결의했다고 한다.

최초로 시행한 학습 참가는 10월 수업 참관의 날, 학부모와 아이들이 함께 시를 읽는 수업으로 구체화되었다. 학부모들은 처음 참가하여 긴장하고 있었으나 아이들이 부모를 도와서 즐겁게 진행할 수 있었다. 일단 몰입하다 보면 학습 참가 의의를 알게 된다. 우선 교실의 배움에 많은 학부모가 참가한다는 데서 아이들이 유연해지고, 어떤 아이도 안심하고 배움에 집중할 수 있다.

그뿐만이 아니다. 학부모와 동료로서 관계가 생기고, 아이들의 현실이나 수업 창조에 대한 교사의 생각을 학부모에게 이해시키는 데 좋은 기회가 되었다. 그리고 나이토 선생은 다음 11월에도 학습 참가에서 시를 함께 읊는 즐거운 수업을 설정했다. 이번에는 아이들의 협동적인 배움을 촉진하기 위해 두 그룹으로 나누어 각각의 그룹이 읽고 싶은 시를 골라 함께 읊기 연습을 하고, 학부모들도 한 그룹을 조직해서 함께 읊기 연습을 한 후 발표하게 했다.

2. 부모와 함께 시를 즐기다

나이토 선생의 3학년 학급은 남자아이 9명, 여자아이 11명(계 20명)이다. 시 함께 읊기로 학습 참가 수업을 하고 싶다고 학급 통신으로 의견을 냈더니 어머니 12명이 참가했다. 수업이 시작되면 아이들 그룹 중 한 그룹은 〈작다 크다〉(가야마 노리코香山典子), 또 다른 그룹은 〈어른 행진곡〉(사카타 히로오阪田寛夫), 어머니들 그룹은 〈축제〉(기타하라 하쿠슈北原白秋)를 낭송 교재에서 골라 연습을 시작했다. 나이토 교사는 동료 교사에게도 협력해 줄 것을 요청해 동료 교사들과 〈큰 호수〉(다니카와 슌타로谷川俊太郎) 함께 읊기를 준비했다.

나이토 선생이 학습 참가 도전에 '시 낭송(함께 읊기)'을 선택한 이유는 나이토 선생 자신이 시 낭송의 매력에 '빠져 있었기' 때문이다. 나이토 선생이 낭송의 매력을 인식한 것은 10년 전에 어느 합숙 연구회에서 선배 교사인 이시이 준지石井順治 선생에게서 낭송 지도 연습을 받았을 때이다. 이후 나이토 선생은 매년 담임하는 학급 아이들과 1년 내내 시 낭송을 즐기는 모임을 계속해 왔다. 이 3학년 아이들도 1학기부터 이야기나 시 낭송을 즐겨 왔다. 이 학습 참가 수업은 그 즐거움을 학부모들과 서로 공유하는 의미를 갖고 있다.

한차례 그룹 연습을 끝내고, 서로 발표하고 듣는 것으로 수업은 진행되었다. 맨 처음은 〈작다 크다〉를 함께 읊기로

한 그룹의 발표다. 이 그룹에는 지적 장애가 있는 도시오利
夫가 있는데, 도시오의 낭송은 온 힘을 다해 시 어휘의 이미
지를 표현하고 있어서 훌륭했다. 함께 읊기 마지막에 도시
오는 뛰어오르면서 "캬! 캬!" 하고 기쁨의 소리를 내어 그룹
의 발표를 고조시켰다. 또 한 아이 그룹은 〈어른 행진곡〉 낭
송이다. 함께 읊기보다도 한 사람이 낭송하기에 적합한 작품
이어서 아이들은 1인 낭송을 연결하는 방식으로 발표하고,
작품에 담긴 유머를 자아냈다.

그리고 어머니들의 〈축제〉 함께 읊기가 이어졌다. 참가한
12명 어머니들은 신여神輿(신령을 안치하는 가마)를 메는 소리
를 그대로 모방한 시를 3부 합창하듯 나누고, "이영차, 이영
차"를 숫자표저음數字標低音(주어진 숫자가 딸린 저음 위에 즉흥
적으로 화음을 보충하면서 반주 성부를 완성하는 기법. 유럽에서
17~18세기에 널리 쓰였다.)으로 반복하여 "축제다, 축제다"라고
단성單声으로 구호를 외친다. 그리고 각 연의 말을 거듭해 가
는 방법으로 낭송했다. 함께 읊기는 대단했다. 특히 히데오
英夫 어머니가 지르는 "축제다, 축제다" 단성 구호는 일을 할
때 힘을 합치려고 여럿이 부르는 노래처럼 "축제다~, 축제
다~"라고 발성해 신여를 메는 사람들의 힘센 에너지와 긴
장감을 표현하고 있었다.

어머니들 그룹 발표가 끝나자 아이들은 "굉장하다!"라는
탄성을 올리고, 힘껏 박수를 보냈다. "확실히 졌다!"라는 소
리가 교실에 울려 퍼졌다. 게다가 "우리 엄마는 도중에 잘

맞지 않는 부분이 있었어요."라는 소리에 교실은 대폭소. 어머니들과 아이들이 따뜻하게 교류하는 가운데 수업이 끝 났다.

3. 부모와 함께 키우다

그다음 날부터 아이들은 어머니들이 발표한 〈축제〉 함께 읊기에 도전하기로 했다. 어머니들의 함께 읊기를 듣고는, 어떡하든 이 작품에 도전하고 싶었던 것이다.

학습 참가 도전은 학부모들의 참가를 촉진하게 되었다. 어떤 어머니는 "시를 함께 읊는 것도 처음이고, 큰 소리를 내는 일도 아이를 꾸짖을 때뿐인데 웬일인지 개운해졌습니다." 라고 적었다. "새삼스럽게도 시가 재미있다!"라는 감상, "뒤편에서 바라보기만 하는 참관보다 동심으로 돌아가 아이들과 겨루며 학습하는 것도 좋다고 생각했습니다."라는 감상, "수업 참관보다 한 걸음 나아간 시점에서 아이들을 볼 수 있어서 매우 좋았습니다."라는 감상도 더해졌다. 나이토 선생에게 보내온 수업 후 감상문을 보면, 참가한 모든 어머니가 시를 낭송하는 즐거움, 동료들이 협력해서 수업에 참가하는 중요함과 즐거움 그리고 아이들과 함께 서로 배우는 경험의 중요함을 적고 있다.

나이토 선생은 같은 해 11월 총합학습 수업에도 학부모들의 참가를 호소했다. 그렇게 해서 학습 참가는 정착하고, 4학년이 되어도 '미즈사와 쓰레기를 조사하자! 미즈사와 쓰레기 탐험대'라는 총합학습을 중심으로 학습 참가를 실천했다. 지역 야외 학습field work과 이어진 이야기 나누기에 9개 그룹마다 학부모가 지원자로 참가하여 교사 한 사람으로는 실현할 수 없는 활동의 폭과 배움의 발전을 실현했다.

처음에는 "선생님, 교실에 들어가도 되나요?"라며 조심하던 학부모들도 많은 학부모들이 쉴 새 없이 드나들며 학습에 참가하게 되자, 마음 편히 교실을 방문하게 되어 아이들도 교실에 교사 이외의 어른들이 있는 것을 당연하게 여기게 되었다. 부모들은 어느덧 나이토 선생의 좋은 지원자 그리고 협력자가 되어 학부모들의 연대와 협력이 뒷받침되는 수업 만들기가 일상화된 것이다.

현재 전국의 많은 학교와 교실에서 학습 참가 실천이 도입되고 있다. 나이토 선생의 교실과 같은 성과가 생겨나고 있다. 오늘 교육 위기의 중심에는 '밀실 자녀 양육'과 '밀실 수업'이 있고, 교사와 학부모의 상호 불신이 있다. 학습 참가는 아이 한 사람 한 사람의 배움을 여러 어른이 협력하여 뒷받침하는 실천이고, 교사와 학부모가 서로 연대함으로써 학교를 배움의 공동체로 재구축하는 도전이다.

어느 학교에서나 지역에 교실을 열고, '일일 교사guest teacher'로서 학부모 참가를 촉진하는 모임을 전개하고 있다. 그러나 아무리 교실을 열어도 수업 참관 형식을 바꾸지 않으면 학부모 참가는 소극적인 것으로 머물 것이다. 수업 참관으로는 학부모가 내 아이 중심의 사고에서 벗어날 수 없고, 내 아이 중심의 사고에서 벗어나지 못하기 때문에 내 아이에게서 떨어져 아이의 현실과 교사의 일을 이해하는 것은 불가능하다.

그러나 학습 참가를 도입하면 어느 교실에서나 세 번째 정도부터는 부모나 아이도 혈연관계에서 벗어나 다른 아이와의 관계, 다른 학부모들과의 관계를 중심으로 참가하게 된다. 학부모들은 학습 참가 경험을 통해서 학교교육의 공공 공간을 구성하고, 다른 학부모와 연대하여 교실 아이들의 교육에 종사하고 있는 것이다.

학습 참가 목적은 학교와 교실을 공공 공간으로 재구성하는 데 있다. 따라서 학습 참가에서는 한 사람이라도 많은 학부모가 기분 좋게 수업 만들기에 참가하는 것이 무엇보다 중요하다.

자칫 교사는 학습 참가를 준비하느라 학부모와 사전 협의를 하는 데 시간을 빼앗기는 경향이 있지만, 그 결과 참가할 수 있는 학부모가 제한된다면 본말이 전도되는 것이다. 몇몇 학부모만 참가하는 한정된 일일 교사 방식도 신중해야 한다. 한 사람이라도 많은 학부모가 대등하고 기분 좋게 협력하여 참가할 수 있도록 배려하는 것이 중요하다.

거듭 말하면 학습 참가는 '자원봉사'가 아니다. 학교교육에 학부모가 협력하고 참가하는 것은 학부모 의무이고 책임이기 때문이다. 학습 참가 실천을 시작한 오지야초등학교 히라사와 교장은 "교사가 교사의 책임을 자각하고, 학부모가 학부모의 책임을 자각할 때, 처음으로 교사와 학부모 연대가 실현된다."고 했다. 학습 참가를 도입한 학교에서는 학부모의 불만이 격감하는 현상을 보인다.

21세기 학교는 아이들이 서로 배울 뿐만 아니라 교사들이 서로 배우고, 학부모 동료들이 서로 배우는 공간이다. 나이토 선생의 학습 참가 실천은 그 과정과 가능성을 보여 주고 있다.

신뢰로 맺어진 커뮤니티 만들기

1. 신뢰라는 끈

학교에서 생기는 여러 가지 어려움은 아이와 아이, 아이와 교사, 교사와 교사, 교사와 학부모 간의 신뢰 붕괴로부터 발생한다. '신뢰'는 모든 학교 개혁의 중심 개념이라고 말해도 좋을 것이다. 아이와 아이가 어떻게 서로 신뢰할 수 있는가, 아이와 교사가 어떻게 서로 신뢰할 수 있는가, 교사와 교사가 어떻게 서로 신뢰할 수 있는가, 그리고 교사와 학부모가 어떻게 서로 신뢰할 수 있는가? 학교 개혁이라는 것은 요컨대 학교를 구성하는 모든 사람들이 신뢰에 기반을 두고 서로 배우는 관계를 구축하는 개혁 외에는 없다. 그중에서도 아이에 대한 교사와 학부모의 신뢰를 구축하는 과제는 학교 개혁의 중핵이라고 말해도 좋을 것이다. 우리는 다양한 아이 한 사람 한 사람이 존중받고, 신뢰를 받아 온전히 배우고 성장하는 학교를 희망하고 있다.

교육 실천에서 아이와 어른 간 신뢰의 중요성에 관해서 나는 12년간, 도쿄 도에 있는 아이이쿠가쿠엔愛育學園의 아이 이쿠양호학교愛育養護學校에서 계속 배워 왔다. 아이이쿠양호 학교는 3세부터 12세까지의 '지적 장애'를 포함하는 아이들 약 30명과 교사, 자원봉사자, 학부모가 매일매일 함께 운영 하면서 서로 배우고 있는 작은 학교이다. 그 실천이 NHK 교 육 TV 〈여유로운 인간〉에서 '아이를 신뢰하다'라는 주제로 방송되었다(2001년 11월).

　이 방송에서 이와사키 데이코岩崎禎子 교장은 보통 교육이 라고 하면 아이가 '할 수 없는 것'을 어른이 가르치는 것을 중심으로 전개되지만, 아이이쿠양호학교에서는 '아이가 할 수 있는 것을 충분히 주는 것' 그리고 '아이 자신이 스스로 학교생활을 구축하는 것'을 중심으로 활동을 전개하고 있다 고 말했다. 이 두 말은 아이에 대한 신뢰와 존경을 만들어 내는 두 가지 기반을 단적으로 표현하고 있다. 아이의 존경 을 위협하고 있는 것, 아이에 대한 어른의 신뢰를 갈라놓는 것은 '할 수 있다, 할 수 없다'의 척도로 인간을 평가하는 성 인 사회의 편견이다.

　계약 사회에 익숙해져 버린 우리는 이럭저럭 이 사회의 요청에 부응해 가는 것 또는 이 사회의 요구에 부응하는 능 력이 있다는 것을 기준으로 사람에 대한 존경이나 신뢰를 가늠하는 경향이 있다. 그러나 이런 관점에서 출발하는 한, 조금 '할 수 있는 것'을 기반으로 '할 수 없는 것'에 도전하는 아이에 대한 존엄이나 신뢰는 생길 수 없다. 그중 두드러진 것은 시험에 의한 평가이다. 시험에 의한 서열로 얼마나 많은 아이들에 대한 존엄이나 신뢰가 상처를 입고 갈라지고 있는지 상상해 보자. 그리고 '할 수 있다, 할 수 없다'라는 기준은 '장애'를 갖고 있는 아이에게는 더 치명적이다.

'할 수 있다, 할 수 없다'로 구분하는 안경을 벗으면 아이 한 사람 한 사람이 고유한 배움에 도전하고, 누구와도 비교할 수 없는 개성적인 경험을 창조적으로 만들어 내고 있는 모습을 만날 수 있다. 그 개성적인 배움이 성장하는 과정에서 우리는 아이 한 사람 한 사람의 존경을 발견하고, 신뢰를 다질 수 있다. 어떠한 응답 결과에 대한 신뢰가 아니라, 그 아이의 독자적인 배움의 과정에 대한 신뢰이다. 아이들의 존엄은 (그리고 어른의 존엄도) 능력이 흘러넘치는 데 있는 것이 아니라, 무능하고 무력하고 약한 존재이면서도 독자적인 길을 탐구하면서 끊임없이 배우고 성장하고 있다는 점에 있다. "아이 스스로 자기 학교생활을 구축하는 것"이라는 이와사키 교장의 말은 이 진실을 말하고 있다. 장애를 가진 아이가 있는 것이 아니다. '할 수 있다, 할 수 없다'로 인간을 평가하는 성인 사회의 편견과 차별이야말로 장애인 것이다.

2. 주인공으로 살아가는 장소

'아이를 신뢰하다'의 동영상은 먼저 아침 등교 장면을 소개한다. 초등학교 4학년인 슌이치俊—는 등교를 하면 가장 먼저 트램펄린trampoline(스프링이 달린 사각형 또는 육각형 모양의 매트 위에서 뛰어오르거나 공중회전 따위를 하는 체조 경기)을 즐겁게 시작하고는 이내 곧 중단하고 화장실에 가서 수도꼭지를 틀어 물을 흘린다. 화장실만이 아니다. 수도꼭지를 모조리 다 틀고 물을 흘린다. 이것이 슌이치 매일 일과의 시작이다. 자원봉사자 여성이 일단은 그 행동을 저지하려고 하지만, 슌이치의 강한 의지에 져서 받아들이기로 했다. 여기에 한 전환점이 있다. 슌이치의 이해할 수 없는 행동을 받아들일 때 그 어른은 슌이치의 행동을 내면으로부터 인식하는 시야를 습득한다. 어쩌면 슌이치는 수도꼭지를 죄다 트는 행동으로 자신이 안심하고 있을 수 있는, 그리고 행동할 수 있는 공간을 구성했던 것이다.

사람이 어떤 공간에서 행동하고 관계를 구축해 감으로써 자기 자신이 자유롭다는 감각과 자기 행동이 뭔가를 일으킬 수 있다는 감각은 중요하다. 존재 감각을 상실한 사람은 정신적으로나 신체적으로나 소외된 존재일 수밖에 없다. 수도꼭지를 트는 슌이치는 하루 학교생활의 무대를 준비하고 있는 것이다. 그 증거로 여기저기 수도꼭지를 튼 슌이치는 20분 후 다시 트램펄린 놀이를 자유롭고 편안하게 시작했다. 그 모습을 울타리 사이로 보고 있던 담임 사카노 마사요시板野昌義 선생은 슌이치가 틀어 놓은 수도꼭지를 하나하나 잠그면서 "물을 멈추게 하자. 조용해졌지?"라고 확인하니 슌이치는 그것을 받아들인다. 사카노 선생은 "아이뿐만 아니라 사람이 자기답게 살 수 있는지 없는지는 그 사람이 받아들여지고 있다고 느낄 수 있는지 아닌지가 무엇보다도 중요하다"고 말한다.

계속해서 동영상은 '학교 놀이'를 즐거워하는 미호美保의 모습을 소개하고 있다. 말을 할 수 있는 미호는 교사들을 학생으로 여기고 "'자, 공부를 시작합니다'라고 말해 주세요." 하며 수업을 시작하고는 일이 뜻대로 이루어져 기쁘다는 표정을 얼굴 가득 담고 있다. 그러한 웃음 가득한 주고받기가 미호의 활동과 언어 발달을 촉진하고 있다. 미호에게 '학교 놀이'는 단순히 '학교 놀이'가 아니다. 그것은 배움의 무대이고, 여러 사람이나 친구들과 교류하는 사교의 무대이며, 마음 세계를 몰래 표현하는 무대이다. 어머니 말에 의하면 미호는 매일 아침 학교에 갈 때 그날 할 '학교 놀이'의 대략적인 시나리오를 정한다고 한다. "교사들이 아이 한 사람 한 사람을 받아들이고 있다는 것이 아이에게 보이는 것이겠지요."라고 어머니는 말한다.

3. 존엄과 신뢰의 공동체

동영상은 고학년부 '음악'과 '물건 사기' 수업도 소개한다. 어느 것이든 타자他者와의 관계가 아이 활동을 복잡하게 하고 역동적으로 만들고 있다. '음악' 수업에서는 친구들과 즐거움을 서로 공유하는 것이 추구된다. 얼핏 보면 참여하고 있지 않은 것처럼 보이는 여자아이도 '행복하다면 손뼉을 치자' 곡에 남자아이가 큰 북을 두 번 두드리는 것을 듣고 있다가 큰 북을 내밀자 차근차근 리듬에 맞추어 큰 북을 두 번 두드린다. 이렇게 부르고 응답하는 관계가 자기와 다른 세계를 살아가는 타자와 교류하는 데 기초가 되고 있다.

다른 한편, '물건 사기'는 친구들과 교사가 함께 교외로 나가는 활동이다. 학교 밖으로 한 걸음 나가면 교통 법규나 사회 법규를 지켜야 하며, 함께 행동하는 다른 친구나 교사의 기분과 행동과의 조화를 고려해야 한다.

이와사키 교장은 "아이의 행동은 마음의 표현"이라고 말한다. 초등학교 5학년인 게이코惠子는 전에는 사람과 관계를 맺는 것이 힘들어, 그 불안함이나 울적함을 교실 구석에서 화장지를 푸는 활동으로 달랬다고 한다. 그러나 이번에는 '물건 사기'를 하러 출발한다는 소리가 들리자 자기 놀이를 중단하고 집단에 맞추었고, 가게에서도 손님이나 친구가 산 물건에 마음을 쓸 정도로 성장해 있다. 담임인 도쿠오카 히사에德岡久枝 선생은 "자신에게 충실히 살아가는 경험을 충분히 하고 있기 때문에 다른 사람을 받아들이고, 다른 사람에 대한 염려와 배려가 성장했다."고 말한다.

이 방송에서는 '아이들이 자유롭게 활동하게 하기'라는 의미를 부여하여, 아이이쿠양호학교의 교육 특징을 이야기하고 있었다. 그러나 '자유로운 활동'만으로는 이 학교의 활동이나 관계의 의의를 표현하는 것이 충분치 않다. 아이의 행동이 어떤 의미를 담고 있는가, 어떤 마음의 표현인가를 곁에서 이해하고, 아이들이 행동을 같이하는 어른과의 관계를 통해서 아이는 그 행동을 배움의 경험으로 할 수 있다. 자유롭게 활동해도 그 활동을 의미 있는 경험으로 구성한다는 것이 아이에게는 불가능하다. 아이를 신뢰하고 아이의 활동에서 배우고, 아이와 함께 서로 성장하는 어른이 곁에 있음으로써 아이는 배움에서 의미 있는 경험을 창조하는 것이다. 이 학교 교육과정은 아이와 어른의 협동에 의해 '지금' 창조되고 있다.

마지막으로 방송은 아이이쿠양호학교를 졸업하고 공립 양호학교(중학교)에 진학한 아이의 부모 발언을 소개했다. 개인 활동을 기본으로 하고 있는 아이이쿠양호학교를 졸업한 아이들이, 집단생활을 기본으로 하는 공립 중학교에서도 적극적으로 활동할 수 있을까? 누구나 갖고 있는 의문이다. 그 질문에 한 학부모는 다음과 같이 답하고 있다. "1학기에 운동회가 있는데, 운동회에서 교사에 대한 신뢰감이 커지면 곧 집단행동 속에 녹아들어 스스로 새로운 일에 도전하려

고 하는 활동이 는다."고. 여기에서도 어른과 아이의 '신뢰'
가 키워드이다.

아이 한 사람 한 사람을 신뢰한다는 것은 장애를 갖고 있
는 아이의 교육뿐만이 아니고, 모든 교육의 출발점이자 귀
결점이다. 그리고 인간의 존엄과 신뢰와 가능성은 능력의 뛰
어남이나 강함에 뿌리를 두고 있는 것은 아니며, 한 사람 한
사람 존재의 취약함이나 능력 결여, 약함을 기반으로 하여
성립하고 있다. 아이는 약하고 취약한 존재라는 것이야말로
배우고 성장하는 가능성에 가득 차 있고, 신뢰에 가치를 두
는 존엄한 존재임을 뜻한다. 이와사키 교장은 "한 사람 한
사람에게 마음의 사정이 있다."고 말한다. 그 '마음의 사정'
과 서로 영향을 주고받는 어른이, 아이의 배움과 성장의 반
려가 되는 것이다.

통지표 개혁

-하마노고초등학교

1. 개혁의 진전

지카사키 시 교육위원회 파일럿 스쿨로 발족한 하마노고
초등학교(오세 도시아키大瀬敏昭 교장)는 학교 개혁을 시도한 지
4년이 경과한, 2001년 11월 22일에 제4회 공개연구회를 개최
했다. 하마노고초등학교는 개교 이래 전국의 뜨거운 시선이
집중되어 온 학교인데 그 열기는 해가 지날수록 더욱 뜨거
워지고 있다. 매년 이 학교를 방문하는 교사는 수천 명에 이
르고, '하마노고 스타일'(오세 도시아키·사토 마나부,《학교를 만
들다-지카사키 시 하마노고초등학교의 탄생과 실천》)로 개혁을
추진하고 있는 학교 수는 나에게 연락이나 의뢰가 있었던
학교만 해도 1천 개교 이상에 달하고 있다. 2001년도에도 공
개연구회 참가 희망이 쇄도해서, 한 달가량 전부터 거절하며
양해를 구해야 했다. 그럼에도 당일에는 제한 수를 훨씬 넘
는 1,300명이 전국에서 방문했다. 부드러우면서도 깊이 있게

서로 배우는 아이들과 교사들, 학부모들 모습은 참가자에게 깊은 감명을 주었다.

하마노고초등학교 공개연구회는 평소 교실에서 아이들이 서로 배우는 모습, 교사들의 연수, 학부모들의 학습 참가 모습을 공개하고 있다. 하마노고초등학교에 대한 학교 안팎의 뜨거운 시선과는 대조적으로 이 학교 내부는 평온하고 조용한 개혁이 담담하게 지속되고 있다. 2001년도부터 교원 인사이동도 활발해져 신임 교사 2명을 포함한 많은 교사들이 개교 당시부터 근무한 교사와 교체되었다. 이 학교는 지카사키 시 '교사의 학교'(현직 연수) 기능도 할 것으로 기대하여 창설한 파일럿 스쿨이다.

'통지표' 개혁은 개교 4년째를 맞이하여 새롭게 실현한 개혁이다. 2002년도 새로운 학습 지도 요령 실시에 따라 '교수 요목'이 개정되었다. 평가·평정 개혁을 시행할 절호의 기회였다. 게다가 이 학교는 개교 이래 모든 아이들에게 질 높은 배움을 보장함과 동시에 학부모들과 함께 수업을 창조하는 '학습 참가' 실천을 추진하여 학부모들의 이해를 돕고 학부모들의 참가와 협력을 쌓아 온 실적이 있다. 2000년도 공개연구회 이후 '가정 통신문'을 '발자취'로 개칭하기로 결정하고 평점과 평가를 개혁하는 방향을 모색해 왔다.

2. 개혁의 요점

하마노고초등학교의 통지표 개혁은 다음 세 원칙에 맞추어 추진되었다. 첫 번째 원칙은 통지표의 평정 기간을 현행 3기에서 2기로 변경하는 것이다. 두 번째 원칙은 국어, 사회, 산수, 과학 4개 교과에 관해서는 현행 3단계('잘할 수 있다', '할 수 있다', '노력할 것' 평정을 답습하지만, 기타 교과와 총합적인 학습 시간에 관해서는 평점을 폐지하고 '문장 표기에 의한 평가'를 도입하는 것이다. 그리고 세 번째 원칙으로 2002년도 이후 학부모 요청에 따라서 '교수요목' 정보 공개를 할 예정이다. 이 세 원칙은 서로 연결되어 각각의 개선을 뒷받침하고 있다.

첫 번째 원칙인 기간을 2기로 함으로써 교사와 아이들은 차분하게 수업과 배움에 전념할 수 있다. 지금까지는 학기 말마다 평정을 위해 단축 수업을 어쩔 수 없이 해야 했고, 교사는 통지표 작성에 많은 노력을 쏟아부어야 했다. 아이들도 학기 말 시험이나 토막토막 끊어진 수업에 쫓겨 왔다. 특히 수업 시수가 적은 3학기는 수업을 분주하게 진행하여 충분한 배움의 시간을 확보하는 일이 곤란했다. 평정을 2기로 하고, 9월 말과 3월 말에 평정함으로써 교사나 아이들도 긴 간격으로 수업을 구성하고 배워 성장하는 것이 가능하게 된 것이다.

두 번째 원칙인 '문장 표기'에 의한 평가 도입은 첫 번째 원칙 이상으로 중요하다. 개혁에 의해 3단계 평점은 1, 2학년에서는 산수와 국어 2개 교과만, 3학년 이상은 국어, 사회, 산수, 과학 4개 교과만으로 되었다. 단적으로 말하면 생활, 음악, 미술, 가정, 체육(및 총합적 학습 시간-2002년도부터)은 '문장 표기'에 의한 평가를 도입했다.

이 개혁의 취지는 '이해하는 것'을 목적으로 하는 국어나 사회, 산수나 과학 교과와는 달리 생활, 음악, 미술, 가정, 체육에서는 '좋아하게 되는 것'을 최우선으로 삼는다는 데 있다. 3단계 평점이나 5단계 평점이 체육을 싫어하거나 음악을 싫어하고, 미술을 싫어하는 아이들을 얼마나 많이 양산했는지를, 교사라면 누구나 잘 알고 있다.

하마노고초등학교에서는 보통 교과에서 배움의 창조를 중심 과제로 삼아 왔는데, 그 과정에서 합창과 그림 그리기에서도 현저한 성과를 올려 왔다. 이 학교 아이들이 합창에서 보여 준 부드러운 목소리 반향은 공개연구회에 참가한 교사들에게 감동을 주었고, 각 교실에 게시되어 있는 그림 작품은 하나하나 개성이 넘쳐서 이 학교를 방문하는 교사들을 압도하는 힘을 갖고 있다. 그런 아이들이 수행하는 음악이나 미술 평가를 일원적인 우열 평점으로 기재하는 것은 불가능할 뿐만 아니라 교사들에게나 아이들에게도 고통스러운 일이었다. 평점을 폐지하고 '문장 표기'로 배움의 특징과 과제를 나타내는 것이 타당한 평가라고 합의된 것이다.

세 번째 원칙인 '교수요목' 공시(예정)는 문부성이나 현교육위원회, 시교육위원회의 정보공개 움직임과 병행한 대응이다. 이 '교수요목'의 정보공개 움직임에 의해 두 번째 원칙으로 상징되는 대담한 개혁이 가능하게 되었다고 말해도 좋다.

하마노고초등학교만이 아니라 많은 초등학교에서 적용해 왔던 통지표에서 3단계 절대평가는 '교수요목'과 이중장부 관계를 만드는 기만적인 성격을 갖지만, 어쩔 수 없이 받아들여졌다. 아이와 학부모에게 통지표 평점과 공적인 '교수요목'의 평점이 다르고, 게다가 시험을 치를 때 적용되는 '교수요목'을 학부모나 아이가 알지 못하는 실태는 한시라도 빨리 해결되어야 할 것이다. 하마노고초등학교가 목표로 하는 바와 같이 '교수요목'에 대한 정보공개가 실현됨으로써 통지표를 대담하게 개혁할 수 있게 된 것이다.

3. 개혁의 반향

통지표 '발자취'의 개혁안은 4월에 오세 교장이 학부모들에게 설명하고, 2001년도부터 실시되었다. 교사들은 물론 학부모들과 아이들도 예상을 뛰어넘어 호평을 했다.

개혁의 효과는 우선 아이들의 그림 작품에서 표현되었다. 어느 학부모는 통지표 개혁의 효과를 재빨리 깨닫고 "교실에 붙어 있는 그림이 한층 더 개성적입니다."라는 감상을 들려주었다. "각 학급의 개성이 교실에 붙어 있는 그림으로 표현되었습니다."라고 한 학부모도 있다. 이 학부모들의 감상은 적확하다. 나도 멕시코에 두 달간 출장을 다녀오느라 넉달 만에 학교를 방문하고 우선 느꼈던 점은 각 교실에 게시되어 있는 그림 작품이 한 작품도 빠짐없이 무엇에 구애받지 않고 자유롭게 묘사하고 그 하나하나가 개성이 넘치고 있다는 것, 게다가 각 교실의 작풍作風이 다양하고 개성적이라는 놀라움이었다.

가재나 고구마, 자화상이나 친구의 얼굴을 그린 한 사람한 사람의 미술 작품을 보면서 한 사람 한 사람의 개성이 농축되어 표현되고 있는 이들 작품을 일원적인 우열로 점수를 매겨 온 종래 평가 방법의 어리석음을 생각하지 않을 수없었다. 어느 것이나 훌륭하고 개성적인 작품을 점수로 매기는 행위는 교사들도 괴로웠을 것이다. 이러한 도리에 맞지않는 점수로 인해 아이들은 얼마만큼 상처를 받아 왔던 것일까? 당장 나타난 효과는 앞으로 더욱더 위력을 발휘할 것이다.

통지표 개혁 효과에 관해서 다른 학부모는 혹독한 시선으로 지금까지의 수업 결함을 지적했다. "지금까지는 학기가끝날 무렵이면 철봉이나 매트 등 점수를 받기 쉬운 교재를 배웠지만, 지금은 시간을 들여 꼼꼼히 배울 수 있는 체육을하고 있습니다."라고 말한다. 이것은 교사들이 듣기에 아픈 지적이다. 분명히 그렇다. 학기 말이 되면 점수를 매겨야 하기에 어떡하든 우열을 확실히 가릴 수 있는 교재를 수업에 선정하고 시험을 치르는 수업이 늘어나는 경향이 있었다. 본말이 전도되는 교육 활동이었던 것이다.

이렇게 시행착오를 겪으며 실시된 통지표 개혁은 현재 교사들에게도 학부모들에게도 그리고 아이들에게도 환영받고, 착실하게 그 성과를 올리고 있다. 물론 앞으로 더욱 개선해야 할 점도 많다. 예를 들면 '문장 표기'로 하면 교사들은 의욕을 앞세워 에너지를 과도하게 쓰기 쉽다. 평가 문장이 칸에 다 들어갈 수 없어 종이를 붙여 표기하는 안案도 나왔지만, 오히려 평가는 칸 안에 표기할 수 있는 문장의 범위에 그치고 있다는 사실이 확인되었다.

앞으로 검토해야 할 개선점도 남아 있다.

그중 하나가 국어, 사회, 산수, 과학에도 '문장 표기' 평가를 도입하는 것이다. '교수요목'의 정보공개에 따라 앞으로 검토해야 할 과제이다.

또 하나는 1학년, 2학년, 3학년 통지표는 학부모에게 보내는 정보로 제시하고, 그 통지표를 아이에게 알릴지 말지는 학부모 판단에 맡기는 개혁이다. 4학년 이상 아이들에게는 통지표 평가를 아는 것이 배움의 진전에 의미가 있다고 말할 수도 있겠으나, 과연 1학년, 2학년, 3학년 아이들이 통지표 평가를 안다는 것은 어느 정도 의미가 있을까? 통지표는 학부모들에게 제공하는 정보라는 의미로 인식을 바꾸고,

어떻게 기재하고 활용할 것인지 재검토할 필요가 있다. 아무튼 하마노고초등학교 통지표 개혁은 겨우 첫걸음을 내디딘 단계다. 앞으로 어떻게 전개할지 관심을 기울이려고 한다.

제5장

서로 배우는 교실 만들기

- 해외에서

'배움의 공동체' 현재 모습

―레조 에밀리아 유아 학교 방문기

1. 만남과 방문

세계 교육 관계자들이 뜨거운 눈길을 보내고 있는 교육 실천이 있다. 북 이탈리아 소도시 레조 에밀리아Reggio Emilia 유아 학교 실천이다. 내가 레조 에밀리아의 교육 실천을 안 것은 18년 전 하버드대학교 교수의 권유로 보스턴 시 공회당 전람회를 방문했을 때의 일이다. 레조 에밀리아 아이들 작품을 200점 이상 전시한 '아이들 이야기 100가지'라는 제목을 단 전시회는 압권이었다. 이렇게까지 세심하게 아이들의 감성과 지성, 상상력의 가능성을 열고, 아이들이 서로 배우고 함께 성장하는 환경과 관계를 풍요롭게 구축하고 있는 실천을 본 적이 없다. 활짝 핀 양귀비꽃, 낙엽이 만들어 내는 조형과 이야기, 빛과 그림자가 만들어 내는 색의 조화, 그리고 보는 사람을 압도하는 수많은 그림과 점토 작품들, 그 모든 것이 경탄의 연속이었다. 그날 밤 전람회장에서 열린 연구회에도 참가해 레조 에밀리아 교사들이 이탈리아 발음이 섞인 영어로 소개한 보고를 듣고 나의 감동은 하나의 확신으로 이어졌다. 이 작은 도시의 실천에 세계 교육의 미래가 있다.

그 이후 몇 년 뒤 내 예상은 적중했다. 뉴스위크 지 1991년 12월 호에 〈세계에서 가장 전위적인 학교〉로 레조 에밀리아의 디아나Diana 유아 학교가 소개되고, 1994년에는 아이의 권리와 가능성을 옹호하고 촉진하는 국제적 네트워크 '레조 아이들Reggio Children'이 조직되어 레조 에밀리아 유아교육 실천은 단번에 세계 교육 연구자와 교사들의 관심과 초점의 대상이 되었다. 그동안 '아이들 이야기 100가지' 전시회는 유럽 여러 나라와 미국을 중심으로 매년 각지에서 개최되어 대성공을 거두었고, 아시아에서는 태국과 한국, 대만에서 개최되었다. 그 전람회가 가까스로 2001년 4월 28일부터 6월 26까지 도쿄 시부야에 있는 와타리움미술관에서 개최되었다. 반년 전에 그 소식을 받은 나는 이 미술관 준비 작업에 전면적으로 협력하고, 미리 상의도 할 겸 레조 에밀리아 학교를 방문하기로 했다. 12년 전부터 품어 온 꿈이 실현된 것이다.

2. 역사와 문화의 전통

레조 에밀리아 시市는 볼로냐 공항에서 차로 1시간, 4세기부터 번영했던 에밀리아 가도街道를 따라 거주하는 인구가 14만 명인 소도시이다. 중세의 거리 모습과 건축물이 남아 있는 온화하고 아름다운 경관이 이어진다. 시청사 의사당은 '삼색 의사당'으로 불리는데 이탈리아 국기(삼색기)가 이 의사당에서 탄생했다고 한다. 이 도시는 레지스탕스 투쟁이 격렬하게 전개된 지역이기도 했다. 공원에 있는 레지스탕스 투사의 기념상 앞에는 지금도 이탈리아의 삼색기와 생화가 하루도 끊이지 않고 놓여 있다.

레조 에밀리아 유아 학교 출발점은 레지스탕스 운동이었다. 이 소도시 교외의 비라 체라라는 마을에서 농민과 노동자가 나치가 남긴 타 버린 전차와 군용 트럭을 쇳조각으로 해체하고 팔아서 지역 아이들을 키우는 유아 학교를 자신들의 손으로 지은 것이 시작이다. 이탈리아 유아교육은 전통적으로 로마 가톨릭 교회 통제 아래 있었으나 레조 에밀리아 유아 학교는 공립 유아 학교로 출발하여 시립 유아교육 기관을 이탈리아 전국에 확대하는 거점이 되었다.

그 유아교육 실천을 세계 제일로 불리는 수준까지 높인 사람은 모리스 마라구치이다. 마라구치는 피아제가 소장으로 근무하는 스위스의 루소 연구소에서 발달심리학을 연구한 교육심리학자이며, 레조 에밀리아 시 교육장으로서 교육

개혁을 지도했다. 그러나 마라구치의 발달 이론은 피아제 이론과 같지는 않다. 그와 레조 에밀리아 교사들은 피아제와 병행해서 듀이J. Dewey, 비고츠키L. Vygotsky 프레네C. Freinet, 브루너J. S. Bruner, 가드너H. Gardner 등 수많은 교육과 발달 이론 및 사상을 통합한 교육 실천을 창의적으로 전개해 왔다. '레조 접근법Reggio Approach'이라 불리는 그들의 실천에서는 아이가 창의적인 것과 동시에 아이의 발달을 지원하고 촉진하는 어른도 그 이상으로 창의적이다.

레조 에밀리아 교육의 특징인 '창의성 교육'은 이 도시 산업과도 연결되어 있다. 1주일 일정 중 첫날 디아나 유아 학교에서 우연히 막스마라MaxMara 대표의 부인과 인사를 하게 되었다. 이미 세계 패션계를 이끄는 막스마라는 이 소도시를 대표하는 기업이었다. 귀국 전날 밤에는 막스마라의 초대를 받았는데, 거기에서 알게 된 사실은 이 소도시의 양재점이었던 막스마라가 전후 패션계에서 대기업으로 발전한 것은 이 지역 학교의 '창의성 교육'을 지원하고, 창의적인 디자이너와 직업 교육을 실시했기 때문이라고 한다. 현재 막스마라는 레조 에밀리아 교육개혁 지원자이며, 도쿄 와타리움미술관에서 개최되는 '아이들 이야기 100가지' 전시회도 막스마라의 지원으로 실현되었다.

3. 배움의 환경과 서로 배우는 관계

체류 기간은 약 5일이었는데, TV 촬영 허가를 받아 사흘을 통째로 이른 아침부터 늦은 밤까지 일본에서부터 동행한 촬영기사와 함께 레조 에밀리아 교육 실천과 그 개혁의 모습을 관찰하고 기록했다. 레조 에밀리아에는 현재 20개 시립 유아 학교(3~6세)와 14개 유아 보육소(0~2세)가 있는데 이번에 방문한 것은 3개 유아 학교와 2개 유아 보육소이다.

레조 에밀리아 교육의 특징은 아이의 창의성과 상상력을 촉발하는 풍부한 학습 환경과 발달 발자취를 구체적으로 기록한 도큐멘테이션, 각 학교에 배치된 예술 교사와 교육학자를 중심으로 하는 교사의 동료성, 부모가 연대해 교사와 협력해서 참가하는 학교운영위원회 등에서 볼 수 있다. 그 모든 것에 걸쳐서 '창의성'과 '협동', '공동체' 원리가 관철되고 있다.

우선 디아나 유아 학교 4세 아동 학급과 5세 아동 학급을 관찰했다. 레조 에밀리아 유아 학교와 유아 보육소는 그 건축 공간부터 독자적인 디자인으로 구성되어 있다. 현관을 들어서면 '피아차'라고 불리는 광장이 식당에 연결되는 위치에 있고, 이 광장과 나란히 있는 건물 중심에 풍부한 소재와 자료, 표현 수단을 준비한 '아틀리에'가 있다. 각 교실은 '피아차'와 '아틀리에'를 둘러싸고 있고, 그 교실에도 풍부한 교구와 교재가 정성스럽고 세심하게 정리되어 있으며, 아이들은 소그룹으로 각각 프로젝트에 맞게 협동학습을 전개하고 있다.

레조 에밀리아 학교 교구나 소재는 오랜 기간 실천 교류에 의해 창의적으로 연구한 것뿐이다. 예를 들어 '피아차'에 놓인, 3개를 모아 놓은 거울은 아이들이 가운데 들어갈 수 있는 만화경이다. 나도 어린 시절에 만화경을 좋아했고, 통을 들여다보고 있자면 그 속에 들어가 보고 싶다고 생각했던 일이 기억난다. 이 3개를 모아 놓은 거울은 그런 희망을 실현해 준다. 아래에서부터 빛을 비춘 불투명 유리로 된 '라이팅 테이블lighting table', OHP를 활용한 투영기投影機, 커다란 그림자놀이를 할 수 있는 시트 막 등 컴퓨터 CG도 포함하여 아이들의 창의적인 활동 소재가 충분하게 준비되어 있다. '아틀리에'에는 템페라tempera(아교나 달걀노른자로 안료를 녹여 만든 불투명한 그림물감)나 아크릴 도구, 점토와 색종이, 이 밖에도 동물 뼈나 조개껍질, 10가지가 넘는 색깔로 나누어진 모래, 철 금속 조각과 바늘, 별 모양을 한 납작한 조각, 크기에 따라 나누어진 트랜지스터 부품 등 온갖 것이 아이의 창의적 활동을 촉발하는 소재로 제공되고 있다.

그 교실에서 전개되는 유연한 활동은 조용한 BGM 가락이 뒷받침되어 느긋하게 진행되고 있다. 디아나 유아 학교 5세 아동 학급에서는 오렌지를 주제로 오렌지 껍질 향기를 컴퓨터 음악으로 표현하는 아이들, 그 음악에 소게쓰류草月流(일본 화도花道의 한 유파) 꽃꽂이로 호응하려고 하는 아이들,

축구 시합을 비디오로 보고 그 약동적인 신체 움직임을 점토로 표현하는 아이들, 뜰에 심긴 나무에 깃든 봄을 아크릴 그림으로 묘사하는 아이, 풀잎의 잎맥을 바늘로 디자인하는 아이 등 다양한 활동이 조용한 공간 속에서 펼쳐진다. 창의성을 표현하는 예술은 아이들 방식으로 인지한 것을 표현하는 것이고, 사람과의 관계와 경험을 표현하는 것이다.

4. 공동체 사상

레조 에밀리아 교육은 '배움의 공동체'의 실천이다. 배움의 공동체인 교실에서 아이들만이 성장하고 있는 것은 아니다. 교사들도 아이들이 귀가하고 나서 협의회를 통해, 그날 아이들의 구체적인 모습에 대해 대화하면서 전문가로서의 식견과 실천을 디자인하는 능력을 연마하고 있다. 학부모도 학교에서는 협동 학습자이다. 각 교실에서는 매월 1회, 학부모와 교사가 협동 학습회를 연다.

참관했던 디아나 유아 학교 4세 아동의 학습회에서는 거의 학부모 전원(1/3은 아버지)이 참가하여 비디오 기록을 보면서 아이의 발달 조건에 대해 밤 9시부터 12시가 될 때까지 열심히 얘기를 나누었다. 각 유아 학교와 유아 보육소에서 2명씩 학부모가 참가하는 시市 전체 학습회도 참관했는데 거기에서는 '배움의 공동체'라는 철학적 주제가 논의되고, 예상했던 대로 밤 9시부터 12시가 넘어서까지 열심히 대화를 이어 나갔다. 레조 에밀리아 시에서는 자녀 양육과 학교교육은 어머니나 교사에게 부과되는 일이 아니고, 이 시에서 생활하는 성인 전체의 일이며, 직업 생활과 병행하여 시간과 노력을 기울여야 할 시민의 책임으로 되어 있다.

도쿄 와타리움미술관에서 개최된 '아이들 이야기 100가지' 전시회는 레조 에밀리아 교육의 숨결과 아이들의 넘치는 상상력을 200점 이상의 작품으로 보여 주었다. 창의성 교육의 미래는 바로 여기에 있다.

주 | 이 방문 기록은 비디오로 시청할 수 있다. 쇼가쿠칸 비디오 〈레조 에밀리아 시의 도전-아이들, 빛나는 창의력을 기르다〉(사토 마나부·아키타 기요미 감수, 쇼가쿠칸, 2001)

멕시코 초등학교에서
-조용한 수업 개혁의 흐름

1. 멕시코에서

2001년 9월 17일부터 11월 14일까지 두 달 동안 멕시코시티 대학원 대학인 엘 코레히오 데 메히코에 초빙되어 대학원생 세미나와 이 대학과 국립교육연구소 및 교육부 주최 강연회, 심포지엄 업무를 추진해 왔다. 멕시코 방문은 2년 전 외무성 파견으로 세 개 교육대학에서 강연회를 개최한 이래 두 번째다. 본 업무의 틈을 이용하여 방문했던 한 개 교실 풍경을 소개한다.

방문한 교실은 멕시코시티 중심 지역에 소재하는 마르가리타 마사 데 후아레스 초등학교 빅토르 로드리게스 선생이 담임하는 6학년 교실이다. 이 초등학교 교명은 인디언 출신으로는 최초로 대통령을 지낸 베니토 후아레스Benito Juárez의 부인 이름이다. 베니토 후아레스는 1867년 프랑스의 식민지 지배 야망을 꺾고, 멕시코의 실질적인 독립과 민주화 그리고 근대화를 추진한 국민적 영웅이다.

빅토르 선생은 이 초등학교의 30명 가까운 교사 중에서 많지 않은 남자 교사 중 한 사람이다. 그는 일본 문부성 외국인 연구원으로서 1년간 일본에서 공부한 경험을 갖고 있다. 마찬가지로 두 번 일본을 방문하여 일본어에 능통한 코레히오 박사 과정 대학원생인 메르세데스 씨와 함께 빅토르 선생의 교실을 참관했다.

교실에서는 수학 수업을 하는데 전화국 통지서에 있는 도수 표에서 그달의 전화 요금을 계산하는 문제를 다루었고, 아이들은 열심이었다. 전화국 통지서를 보면 '이번 달 누적 도수가 4,070이고 전달 누적도수가 3,851이다. 1도수당 통화료는 1,307페소이다. 이번 달에 내야 할 전화 요금은 얼마일까?'라는 문제를 푸는 중이다.

이 수학 문제에 나타나 있는 바와 같이 멕시코의 수학 교과서는 2001년부터 많이 개정되었다. 이 문제는 교과서 제16과의 예문이다. 새 교과서에서는 모든 수학적 내용을 현실적이고 구체적인 생활과 결부시켜 가르치게 되어 있다. 초등학교 6학년 수학은 87과로, 그 제목과 내용을 보면 '음악 속의 수학', '값의 계산', '루빅큐브Rubic's cube', '관광지 지도' 등 수학 구조를 구체적인 현실과 관련지으면서 문제 해결을 위한 탐구적 사고를 하는 세련된 기술로 구성되어 있다. 멕시코 교과서는 현재도 국정교과서이고, 교육부 주관 아래 조직된 각 학문 분야의 전문가와 교사가 몇 년이나 검토를 거듭해서 작성한다. 일본 교과서와 비교하면 격조가 높고, 페이지 수도 3배 정도로 내용이 충실하다.

그런데 이 획기적인 수학 교과서의 평판은 결코 좋지 않다. 멕시코에서 역사와 과학, 수학 교과서는 끊임없이 보수층의 반발을 야기해 왔다. 역사에서는 인디언 해방운동 기술, 과학에서는 성교육, 수학에서는 창의적 사고 추구가 보수적인 학부모들의 반발을 불러일으켜 왔다. 실제로 1997년에 교사가 대규모 파업을 실행한 것을 계기로 보수적인 학부모들은 혁신적인 교과서에 대해 반발하고 공립학교에서 이탈하는 움직임을 두드러지게 나타내고 있었다. 빈곤층이 주민의 과반수를 차지하는 멕시코시티에서 초등학교 중 40퍼센트 가까이가 사립 초등학교다. 부유한 사람들이 반드시 사립을 선택하고 있다는 의미는 아니다. 결코 넉넉하지 않은 사람들이 성교육을 싫어하고 창의적 교육을 싫어해서 예의범절을 엄격하게 시키는 훈련 학습이나 영어 교육을 제공하는, 패스트푸드점과 같이 비용이 적게 드는 사립 초등학교에 아이를 다니게 하고 있다.

빅토르 선생을 비롯한 공립학교 교사들은 학교에 대한 신뢰를 향상시키기 위해 필사적이다. 그러나 같은 멕시코시티에서도 이 학교처럼 도시 중심은 도시 주변 빈곤 지역과는 현격하게 교육 조건이 다르다. 도시 중심은 아이들이 줄어들고 있는데도 우수한 교사가 모이고, 주변 슬럼 지역에서는 아이들이 늘어나고 있는데도 교사는 부족하다.

그러나 공립학교 교사의 분투는 착실한 성과를 올려 왔다. 멕시코에서는 거의 10년마다 문맹률이 10퍼센트씩 감소하고, 다언어多言語 지역인 남부를 제외하면 거의 문맹 퇴치를 달성했다고 볼 수 있다. 인구의 폭발적 증가에 따라 다수의 빈곤층을 포함하는 멕시코시티에서 초등학교 취학률이 96퍼센트라는 것은 교사들의 헌신적인 노력에 의한 것이라고 말해야 할 것이다. 이 성과를 근거로 멕시코시티 교육위원회는 지역에 뿌리를 둔 '유연성'과 '자율성'을 갖춘 '배움의 공동체' 건설을 정책으로 하고 있다. 그러나 그 혁신적 정책은 보수적인 정부의 압력과 멕시코시티의 재정난으로 인해 도달하는 데 어려움을 겪고 있다.

2. 교실 풍경

빅토르 선생 교실에서는 국립 사범대학 3학년 학생인 구아달페가 교육실습생으로서 보조 교사로 일하고 있다. 2000년까지 멕시코 교육실습은 일본과 같이 1개월이었으나 2001년부터 1년간으로 연장되었다고 한다.

빅토르 선생 교실은 남자아이가 12명, 여자아이가 9명 모두 21명이다. 멕시코의 최대 학급 정원은 일본과 같이 40명인데 빈곤 지역에서는 교사가 부족하여 40명을 넘는 경우도 있고, 반대로 빈곤 지역 이외에서는 보통 20~30명 범위다.

교사의 수에 따라 결정되는 것이다.

빅토르 선생 교실에서는 4, 5명이 각각 테이블 모양으로 책상을 붙여 그룹을 만들어 협동학습을 전개하고 있었다. 협동학습 교실 풍경은 세계적인 추세이다. 빅토르 선생 설명에 의하면 멕시코에서도 교실은 조용한 혁명이 일어나 책상 배치 하나로 교사의 보수성과 혁신성을 알 수 있고, 협동하여 서로 듣는 혁신적 수업은 젊은 교사들에게는 일반적인 것이 되어 지속되고 있다고 한다.

빅토르 선생 수업은 훌륭했다. 전화 요금을 계산하는 문제도 결코 쉬운 문제는 아닌데, 모든 아이가 정답에 도달한 것은 아니지만 자기의 수학적 추론 과정을 반성적으로 대화하고 있었다. 또한 음악과 일본어를 총합한 '행복하다면 손뼉을 치세요' 노래를 암송하는 수업에서도 아이 한 사람 한 사람이 안심하고 자신을 표현하며, 다섯 번까지 가사를 틀리지 않고 암송하여 노래를 불렀다. 특히 '죽은 자의 날Día de los Muertos'(우리나라 한가위와 같은 라틴아메리카 축일로 11월 1일과 2일에 가족과 친구들이 모여 고인을 추억하며 기린다.)과 관련된 재미있는 이야기 창작과 언어 수업에서 행한 자작시 발표는 개성적이고 창의적인 표현을 풍부하게 교류하는 전개가 매력적이었다. 멕시코에서도 새로운 수업 양식이 조용한 혁명을 일으키고 있다.

교육실습생인 구아달폐 씨가 담당한 스페인어 '케레타로시市 중심' 수업으로 시가지 지도를 읽고 발견한 것을 친구들과 나누는 수업을 참관하면서 빅토르 선생과 나는 교사 역할의 중심이 '연결하기'에 있다는 것을 확인하고 있었다. 아이와 아이, 아이와 교재, 교실과 사회, 현재와 미래 등 교실의 사건을 시간적 공간적으로 '연결하는' 교사의 활동을 통해 아이의 배움을 풍부하게 전개할 수 있다. 교육실습생인 구아달페 씨는 초심자이기 때문에 이 '연결하기' 작업이 의식적으로 되지 않고 있다.

그러나 그녀는 우수한 소질을 타고난 여성이다. 1년간 실습을 통해 빅토르 선생의 보조 교사로 근무함으로써 크게 성장할 것은 틀림없다. 젊은 교사는 언제나 개혁을 위한 희망의 원천이다.

3. 빈곤과의 싸움

그러나 빅토르 선생을 포함한 공립학교 교사들의 헌신적인 노력이 보답을 받는 날은 언제 올 것인가? TV 뉴스에 따르면 미국 보복 전쟁 결과 멕시코 경제는 급속히 냉각되어 멕시코시티 2,400만 명 주민 중 빈곤층(월수입 20만 원 이하)이 차지하는 비율이 60퍼센트를 넘는다고 한다. 생활보호 제도가 없는 멕시코에서는 빈곤층으로 전락하면 비참한 생활을 하게 되고, 거리에는 길거리 아이들street children이 넘쳐난다.

이 나라는 건국 이래 국민 30퍼센트가 사회에 참가하여 부畐를 형성하고, 빈곤층 70퍼센트를 고용하여 발전해 왔다. 이 구조는 세계화와 규제 완화, 지방분권화로 한층 더 힘들어지고 있다.

지난달 TV 뉴스는 또 한 번 충격적인 사실을 전하고 있다. 멕시코 독서 인구가 1퍼센트라는 것이다. 과거 수십 년간 멕시코는 정부 예산 16퍼센트를 투자하여 충실한 학교교육을 하기 위해 노력했고, 멕시코시티만 보더라도 통계상 문맹률은 2퍼센트 정도였다.

이 낮은 문맹률은 경이적이고, 교사들의 헌신적 노력의 성과라고 말할 수 있을 것이다. 그러나 그 사람들이 책도 읽지 않는다면 신문도 읽지 않을 것이다. 그리고 보수적인 의식에 사로잡혀 공립학교의 혁신적인 개혁에 등을 돌리고, 또한 엄한 예의범절과 훈련을 강조하는, 교육비가 싼 패스트푸드점과 같은 사립학교가 번성하고 있다. 이 현실을 어떻게 극복하면 좋을까?

교사들의 고뇌는 깊다. 멕시코의 초등학교에서는 현재도 2부제(오전 학교와 오후 학교)를 실시하고 있어 한 학교 내에서 교사가 연대하여 동료성을 구축하는 일이 곤란하다. 게다가 교사 대우가 열악해 많은 교사가 오전이나 오후 학교 근무가 끝나면 돈을 벌기 위해 다른 일로 분주하다. 이런 현실이 바뀌지 않는 한, 학교 개혁을 내부로부터 추진한다는 것은 어렵다.

빅토르 선생은 젊은 구아달페와 함께 교실로부터의 조용한 개혁에 희망을 걸고 있다. 그 성실한 매일의 노력이 보답받기를 기도한다.

보스턴 작은 학교의 큰 도전

1. 배움의 공동체

5월 맑은 날 아침, 보스턴 시 중심부에 위치한 마이너리티 지역에 있는 미션 힐 학교Mission hill School를 방문했다. 4세 유아부터 14세 중학생까지 170명 아이들이 배우는 작은 학교이다. 이 학교는 '공립학교 옹호'를 내세우고 보스턴 시 교육위원회와 교원 단체가 연대하여 5년 전에 창립한 파일럿 스쿨pilot school이다. 교장은 데보라 메이어 씨. 데보라 메이어 교장이 학교에 오기 전에는 뉴욕에서 가장 힘든 지역 학교였는데, 지금은 '기적적인 성공'을 보여 준 학교로 알려져 있다. 이전에는 70퍼센트 학생이 중퇴하는 할렘 지역에서 퇴학률을 0퍼센트로 만든 중등학교를 창조하고, 학력도 비약적으로 향상시켰다. 뉴욕에서 그녀가 교장으로 근무한 센트럴 파크 이스트Central Park East 중등학교를 방문한 것이 10년 전이었다. 보스턴에서 그녀가 새롭게 도전하고 있는 이 학교에는 창설 1년째에 방문했고, 이번이 두 번째 방문이다.

나는 이 10년간 데보라 메이어 교장에게서 많은 것을 배워 왔다. 하마노고초등학교(가나가와 현 지카사키 시)를 중심으로 하는 파일럿 스쿨 구상이나 '배움의 공동체'라는 학교 비전도 그 대부분은 데보라 메이어 교장의 조용하고 확실한 식견에 의한 학교 개혁 실천에서 힌트를 얻었던 것이다. 그녀는 아이의 존엄성과 배움의 가능성을 믿으며, 교사라는 직무의 어려움과 존귀함을 온전히 알고 있고, '기적'이라 부르는 학교 개혁을 추진하는 실천자이며, 학교에 민주주의를 실현하는 개혁자이다.

여느 때처럼 데보라 메이어 교장은 상냥하게 맞아 주었다. 수행 중인 스님이 입는 '작업복'과 같은 복장의 소탈한 모습이 인품을 보여 준다. 교장실도 열린 광장이고, 언제라도 그녀는 아이나 교사, 학부모 상담에 응하고 있다. 메이어 교장은 졸업 전인 학생 다섯 명에게 나와 동행한 일본 대학원생과 교사 여덟 사람을 안내하게 했다. 센트럴 파크 이스트 학교를 방문한 10년 전과 같았다. "학교의 일은 아이에게 듣는 것이 첫 번째"라고 메이어 교장은 말한다. 실제로 아이들에게 물어보면 이 학교가 보스턴 공립학교 전체의 민주화를 표방하는 파일럿 스쿨이라는 것, 학교 특징으로서 '5개 지적 정신의 습관'(사실에 맞추어서 생각한다. 동료에게서 다른 견해를 배우고 생각한다. 의미 연결을 생각한다. 예상을 세우고 생각한다. 현실과의 관련을 생각한다.)을 배움의 실천으로 하여 한 사람 한 사람이 어느 교과에서나 수행하고 있다는 것, 예술 교육을 모든 영역에서 중시하고 있다는 것, 유아에서 중학생 까지 한 사람 한 사람이 학교의 주인공이며, 교장이나 교사, 학부모의 어떤 의견도 듣는 등 학교 철학을 자신의 이야기 로 적확하게 설명해 주었다. 그 곁에서 데보라 메이어 교장 은 학생들의 모습을 부드럽게 지켜보고 있었다.

2. 서로 배우는 관계

곧장 학생 다섯 명의 안내를 받아 교실을 둘러보았다. 안 내를 맡은 한 여학생은 지난번 방문했을 때 4학년이었고, 그 때 인터뷰를 했던 여학생이었다. 그때는 "지난번 학교보다 이 학교가 좋다고 어머니에게서 들었는데 아직 어디가 좋은 지는 모르겠어요."라고 천진난만하게 답했던 학생이다. 그랬 던 학생이 지금은 학교 철학을 자기 말로 말할 수 있을 만 큼 성장한 것이다.

한 교실마다 10분 정도 관찰했는데 서로 배우는 관계와 탐구 관계가 실현되고 있다는 것은 명료했다. 동행한 한 대 학원생은 "하마노고초등학교와 같은 분위기군요. 서로 듣는 관계가 배움의 기반이 되고 있어요."라고 첫인상을 이야기했 다. 데보라 메이어 교장은 저서에서 이렇게 말하고 있다. "가 르치는 활동의 대부분은 듣는 일이고, 배우는 활동의 대부분은 말하는 일이다."

학교는 '작은 공동체'를 구성하기 위해 상하 두 개로 건물을 분할하고, 각각의 교실은 두 개 학년을 단위로 조직된다. 복식학급이다. 그 방법이 하나의 주제를 반복해서 발전적으로 깊이 배울 수 있기 때문이다. 'Less is more(적게 배우는 것이 많이 배우는 것)'이라고 한 메이어 교장의 말은 미국 전체 교사의 개혁 표어가 되고 있다.

한 학급은 20명으로 구성되고, 5~6명씩 소그룹으로 나누어 수행하는 프로젝트 학습이 진행되며, 그 배움을 두 교사(담임과 부담임)가 지원한다. 커리큘럼은 역사, 과학(수학 포함), 문학, 작문, 예술 5개의 통합교과로 구성되어 오전 중에는 그중 어느 하나에 초점에 맞춘 프로젝트 학습이, 오후에는 독서, 작문, 외국어, 음악 학습과 과외활동으로 되어 있다. 또한 일반 학교에서는 학생을 2시 30분에 귀가시켜야 하지만 이 학교에서는 5시까지 학습을 계속할 수 있다고 한다.

모든 교실을 방문하고서 가장 감탄한 것은 교사들의 성장이다. 4년 전에 방문했을 때 솔직하게 말하면 불안을 금할수 없었다. 뉴욕 센트럴 파크 이스트 학교와 비교해서 교사의 기량이 미숙하고, 아이들 배움도 불안했기 때문이다. 그러나 데보라 메이어 교장은 그때에도 상냥하게 교사나 아이한 사람 한 사람과 만나고 있었다. 학교 개혁은 엄청나게 많은 시간과 노력을 요하는 기획이며, 결코 초조하게 굴어서는 안 된다는 것을 메이어 교장은 알고 있었기 때문이다. 메이어 교장의 기대대로 교실에서 본 많은 교사들은 몰라볼 정도로 달라진 표정과 활동을 보여 주었다. 분명히 4년 전과 같은 교사이다.

금요일 아침은 매주 전교 모임으로 프로젝트 학습 발표와 교류를 하도록 되어 있다. 이 모임에는 학부모도 참가하여 아이들의 프로젝트 학습 평가를 한다. 모임이 시작되자 유아부 소그룹이 먼저 나와서 발표를 시작했다. 한 여자아이가 그림을 보면서 '우리 아빠'라는 주제로 발표했다. "아빠는 보스턴에서 일을 찾기 전에는 시카고에 있었어요."라고 말을 꺼내자 아이들은 모두 조용하게 듣는다. 다음으로 1~2학년 그룹은 '기旗'에 관해서 조사한 내용을 발표하고, 자기들이 창안한 '미국 국기'도 제시했다. 3~4학년 그룹은 '가족 역사' 책 만들기, 5~6학년 그룹은 '화산 폭발', 7~8학년 그룹은 '요리 책'과 '목공' 프로젝트를 발표했다.

각각의 발표는 더듬거리는 작은 목소리였지만 재미있었다. 무엇보다 감동적이었던 것은 한 사람 한 사람의 배움을 존중하여 조용히 듣고 있는 아이들의 반응이었다. 서로 듣고 서로 배우는 일이 민주주의 실천의 출발점이라는 이 학교 이념은 아이와 교사의 모습 하나하나에 구체화되어 있었던 것이다.

3. 제2의 가정

5월 말에 방문하는 데에는 망설임이 있었다. 학년 말 업무로 교사들이 바빴기 때문만은 아니다. 이때는 주州가 정한 프로젝트 학습 '표준 평가' 실시 기간이어서 어떤 학교도 전전긍긍하는 시기였기 때문이다. 시험 결과는 학교와 교사 평가이자 학부모의 학교 선택 자료가 된다. 메이어 교장은 '표준 평가'의 획일성을 비판하고 부당성을 지적하고 있는 논객 중 한 사람이다. 그러나 미션 힐 학교도 '표준 평가'를 면할 수는 없다. 비난받고 있는 '공립 도시 학교'가 어디까지 성공할 수 있을까? 전 미국의 교육기관 관계자가 메이어 교장의 학교 '표준 평가' 결과에 주목하고 있다.

그러나 내 걱정은 기우에 지나지 않았다. "표준 평가요? 아랑곳하지 않습니다."라는 상쾌한 답변이다. 이 학교는 시험으로 학력 평가를 하지 않는다. 학습 결과는 작품(리포트나 책)으로 정리하여 학습 발표에 따라 평가된다. 포트폴리오도 중요한 자료가 된다.

이 학교 졸업도 졸업논문으로 인정된다. 중학교 2학년이 되어 주제를 결정하면 연구 조언자로서 담임교사 이외 어른 한 사람이 개인 지도 역할을 맡는다. 학부모도 학생 연구를 도와준다. 졸업 판정은 교사와 조력자advisor, 학부모 위원회의 평가에 따라 결정된다. 대학원 수료 시스템이 그대로 중학교에 적용되고 있는 것이다.

이 학교 운영에는 민주주의가 관철되고 있다. 교장과 교사를 선발하는 일, 학교 예산 결정, 커리큘럼 결정 등 모든 사항을 학부모 5명, 교사 5명, 그리고 시민 5명과 학생 2명으로 편성된 '학교운영위원회'에서 결정한다. 교장도, 교사도, 학부모도, 시민도, 아이도(유아도) 대등한 권리가 보장되어 있고, 그 발언이나 요청 사항은 동등하게 존중되고 있다. 어린이라도 학교 개혁을 제언하고 실현할 수 있다.

마지막으로 데보라 메이어 교장은 안내를 한 다섯 명 아이들과 함께 이야기를 나눌 수 있도록 자리를 마련해 주었다. "어떤 아이도 사이좋게 이야기를 나누던데, 너희는 170명 전원의 이름과 얼굴을 알고 있니?" 하고 물었더니 다섯 명 모두가 "이름을 다 알고 있어요."라고 답했다. "어떻게 이름을 기억하니?"라고 묻자, "언제나 프로젝트 학습 발표를 듣고, 모르는 아이라도 배우는 방식에 관해서 질문해 온다든가, 내 쪽에서 질문을 한다거나 하기 때문에요.", "나는 과외활동을 하면서 친구들이 늘어났고, 서로 마음을 나누고 있기 때문에 곧 기억하게 돼요."라고 말했다. "이 학교가 뛰어나다고 생각하는 점은?" 하고 묻자 4년 전에 같은 질문으로 인터뷰한 적이 있는 여학생이 웃으면서 답했다. "배우는 목적과 의미를 잘 이해하는 것, 오후 5시까지 학교에서 배울 수 있는 것입니다." 그러한 대화의 일부가 시작되고 끝나는 것을 데보라 메이어 교장은 웃으면서 지켜보고 있다.

"이 학교는 너희에게 '제2의 가정'이구나!"라고 말하자, 다섯 명 모두 활기차게 반응을 보였다. "아, 그래그래! 저에게 '제2의 집'이에요.", "저도 그래요.", "저도요.", "'제2의 집'이란 말이 꼭 맞아요.", "그래요, 서로 배우는 집이에요." 따뜻해 보이는 아이들의 내면은 고무공 같은 탄력을 간직하고 있다. 살그머니 데보라 메이어 교장을 보았더니 주름살투성이 얼굴이 기쁨을 띠고 있었다. 이번 방문에서 나는 몇 번이나 눈물을 글썽이는 감동을 느꼈다. 여기에 학교의 확실한 미래가 있고, 민주주의의 희망이 있다.

파리 교외의 초등학교에서
－서로 배우는 교실 창조

1. 변화하는 교실

2002년 9월 11일, 파리 교외의 비리 샤티옹 시市 쥘 베르네 초등학교를 방문했다. 아동 수 250명, 교사 15명(교장 한 명과 이민 아동을 위한 특별 교사 2명 포함)인 초등학교이다. 파트리샤 프랑코 선생이 가르치는 3학년 교실에 들어갔다. 이 학급에 프랑스어를 하지 못하는 아이는 없는데, 23명 중 10명이 외국 국적을 가진 아이들이다.

프랑스 학교는 유럽 중에서도 전통적인 수업 양식이 뿌리 깊은 나라로 알려져 있다. 그 프랑스에서도 완만한 변화가 교실에 계속 침투하고 있다. 활동적이고 협동적인 배움에 의한 수업 개혁이다. 파트리샤 선생의 교실은 그 전형 중 하나라고 말해도 좋을 것이다. 아이들은 3~5명의 소그룹으로 나누어 6개의 테이블에 앉아 커뮤니케이션에 의한 배움을 전개하고 있었다. 수업 내용은 수학 제1단원인 '대수', 분필 상

자에 있는 분필을 세는 과제에서 1에서부터 1,000까지 10진
법 수의 구조를 배우고 있었다.

처음 10분 동안 그룹별 상자 속에 들어 있는 분필 개수를
세는 숙제의 답 맞춰 보기를 한 후에 프린트를 나누어 주고,
380, 720, 105, 1,990, 1,793 각각을 기본 단위 자릿수로 나누
는 과제를 수행했다. 어느 그룹이든 친구 의견을 서로 듣고,
다양한 생각을 티격태격 나누며 함께하는 배움을 진행한다.
그 비결은 학생들을 고려한 그룹 편성과 섬세한 교사의 대
응에 있다. 이 교실에서는 아이들이 갖고 있는 문화와 능력
의 차이를 배려해서 그룹이 편성되어 있다. 각 그룹은 수학
능력이 비슷한 아이들에 따라 편성되고, 그 위에 문화나 국
적을 고려해서 누구도 고립되지 않도록 배려하고 있다. 이렇
게 여러 가지를 고려한 그룹 편성에 따라 배움에서의 협동
조건이 형성되고 있다.

파트리샤 선생의 대응도 인상 깊었다. 그룹 여기저기에서
도움을 구하는 아이들이 손을 들기 때문에 사방을 살피면
서도 파트리샤 선생은 협동적 배움에 참가할 수 없는 아이
를 중심으로 배움을 도와주고 있었다. 커뮤니케이션에 참여
하는 아이의 잡담이나 의문점은 오히려 협동적 배움을 풍부
하게 한다는 것을 숙지하고 있기 때문이다.

이 협동 작업이 20분 정도 전개되자 파트리샤 선생은 프
린트를 끝낸 아이는 칠판 앞으로 모이도록 지시했다. 아이
15명이 칠판 앞에 둥글게 앉고, 파트리샤 선생을 중심으로

개념화를 찾는 대화가 진행되었다. 테이블 소그룹 협동 작업과 칠판 앞의 자리에 앉아서 하는 다수多數에 의한 대화 두 가지로 구성되는 교실 풍경은 누가 제창한 것도 아닌데 세계 어디에서나 공통되는 새로운 교실 풍경이다. 미국에서나 캐나다, 일본 그리고 이 프랑스에서도 수업 개혁을 추진하는 교사들은 이 두 가지 풍경으로 구성되는 교실을 창조하고 있다. 미래의 학교는 이와 같이 교사가 무의식적으로 탐구하는 교실 환경의 변화 속에서 준비되고 있다.

2. 차이에의 대응

이 교실에서 확실하게 배움을 뒷받침하고 있는 것은 파트리샤 선생에 의한 탐구적 커뮤니케이션의 촉진, 문화와 능력 차에 맞춘 세심한 배려이다. 칠판 앞에서 둥글게 앉아 대화를 시작해도 교실 뒤편 그룹의 한 남자아이와 창 옆의 세 남자아이 그룹, 여자아이 한 명을 포함하는 칠판 앞의 네 명 그룹은 테이블에 앉은 채로 첫 과제를 계속했다. 그 모습을 살피면서 파트리샤 선생은 과제를 모두 달성한 아이들의 의견을 연결하는 활동을 전개했다. "380=(3×100)+(8×10), 720=(7×100)+(2×10), 그렇다면 105는 어떻게 나타내면 좋을까?" 잠시 망설였던 아이들은 서로 이야기를 나누더니 100, 10 각각의 자리가 분필이 들어 있는 상자로서 기능하고 있다는 점을 알아차리고는 1의 자리 상자도 준비하여 105=(1×100)+(0×10)+(5×1)로 나타낼 수 있다는 것을 발견한다.

그러나 테이블에서 작업을 계속하고 있는 여덟 명 아이들은 이미 한계에 달했다. 작업도 대화도 멎었다. 파트리샤 선생은 그 상황을 재빨리 알아차리고, 칠판 앞에 있는 아이들에게 네 자릿수(1,990, 1,793)에 도전하는 프린트를 건네주고는 각 테이블로 돌아가도록 지시하고, 다시 테이블을 둘러보면서 뒤처진 아이 한 사람 한 사람에게 세심하게 대응하는데 전념했다.

협동 작업과 커뮤니케이션에 의해 배움이 성립하기 위해서는 아이들 상호 간의 문화와 능력 차가 없어서는 안 된다. 문화가 같고 수준이 같은 아이들의 협동 작업과 커뮤니케이션은 얼핏 보면 활발한 것처럼 보이나 같은 작업과 의견이 되풀이되고 있을 뿐 배움은 없다. 차이가 배움을 환기하고 촉진하는 것이다. 그러나 문화와 능력 차가 너무 크면 협동 작업이나 커뮤니케이션이 성립하지 않는다. 누군가가 그룹을 지배하여 모르는 아이는 일부 남겨 두고, 심한 경우에는 차별이나 따돌림, 말다툼이 일어나는 일도 있다.

프랑스에서는 9월 첫 주에 새 학년 수업이 시작된다. 파트리샤 선생이 이 학급을 담임한 지 아직 며칠밖에 지나지 않았다. 파트리샤 선생이 문화와 능력에서 차이가 적은 그룹으로 편성한 것은 학년 시작이기 때문이다. 아이들의 커뮤니케이션이 서로 듣고, 서로 탐구하는 관계로 발전함에 따라 각 그룹 편성은 문화와 능력에서 차이가 보다 큰 그룹으로 재편성한다고 말했다. 그렇게 함으로써 보다 풍부하고 보다 확실한 배움이 발전하기 때문이다. 배움이 발전하는 과정을 통찰한 그룹 편성 방법은 파트리샤 선생의 교사로서의 높은 견식을 나타내고 있다. 뜻하지 않게 일본 학교에서 추진되고 있는 '수준별 학급 편성'의 참상을 상기하지 않을 수 없었다. '수준별 학급 편성'이라는 시대에 뒤떨어진 방식은 세계적인 학교 개혁 흐름에 역행하는 것이다.

　뒤처진 아이 그룹 작업이 일단락되자 파트리샤 선생은 그 아이들을 칠판 앞에 앉혀서 아까처럼 개념화에 관한 대화를 나누었다. 그 아이들은 '$380=(100+100+100)+(10+10+10+10+10+10+10+10)$'으로 이해했다. 이 이해 방법을 긍정하면서도 파트리샤 선생은 이 식이 $(3×100)+(8×10)$으로 표현될 수 있다는 것을 가르치고 있었다. 이 벽을 돌파하면 다음은 간단했다. 여덟 명 아이들은 720이나 105도 협력해서 달성할 수가 있었다. 그리고 앞의 아이들보다 15분 늦었지만, 테이블로 돌아가서 1,990과 1,793 네 자릿수에도 도전하기 시작했다. 협동적 커뮤니케이션은 어느 테이블에서도 한층 활성화되고 있다.

3. 수업 개혁

수업을 참관한 후 파트리샤 선생과 이 학교 미셸 블랑 교
장, 비리 샤티옹 시의 학교 개혁 리더인 앙드레 켐프 씨(리세
교장)와 통역을 맡아 준 친구 레비 아르바레스 클로드 씨(히
로시마대학 조교수), 게다가 이 시의 장학사도 함께하는 대화
의 기회를 얻었다.

이 학교는 미테랑 광장이라고 이름 붙여진 시 광장과 접
해 있다. 그 이름이 나타내는 바와 같이 사회당의 정치적 영
향력이 큰 지역이다. 그 미테랑 광장 맞은편에는 게토ghetto
처럼 되어 버린 외국인 거주 구역이 펼쳐져 있다. 이 학교의
약 30퍼센트를 차지하는 외국 국적 아이들은 게토에서 통학
하고 있다. 이 학교 반대편에는 프랑스인 노동자 계급 아파
트, 다른 쪽에는 중산층 시민의 단정한 단독 건축 주택이 줄
지어 있다. 이 사회적, 문화적 차이가 학교교육을 힘들게 하
고 있다.

게토나 노동자 아파트, 중산 시민 주택가 중심에는 다
른 초등학교도 있지만 같은 성격을 띠는 학교는 어려움이
적은 대신 배움도 발전하지 않는다. 학교와 교실 내부에
문화와 능력의 다양성을 보장하고, 차이를 존중하며 협동
하는 관계를 어떻게 구축하는가가 교육의 중심 문제이다.

파트리샤 선생 교실에서는 학급에서 문화와 능력 차이의
크기를 살리면서, 소그룹 편성과 커뮤니케이션으로 배움에

효과적인 작은 차이는 커뮤니케이션 성숙도에 맞추어 조직되고 있다. 그 높은 견식을 지적하자 앙드레 켐프 씨는 웃는 얼굴로 "이 지역 학교 개혁 운동의 성과 중 하나입니다."라고 답했다.

프랑스 교육부는 2년 전부터 낙제하는 학생 수를 줄이기 위해 커리큘럼을 2년 단위로 편성하는 방식을 도입하고, 교사의 전문성을 높이는 데 연 6회 현직 연수를 의무 사항으로 정해 왔다. 커리큘럼을 2년 단위로 편성하는 방식은 수업 진도에서 유연성을 보장하고, 다양한 능력을 가진 아이에게 교사가 세심하게 대응할 수 있도록 하기 위해서다. 그리고 학년제를 유연하게 하는 2년 단위의 커리큘럼 편성은 선진 여러 나라에서 공통적으로 나타나는 개혁 동향이기도 하다.

그러나 파트리샤 선생을 비롯하여 이번 대화에 참가한 사람들은 이들 조치가 유효하게 기능하지 못한다고 지적한다. 아이의 배움에 대한 신뢰를 형성하여 배움의 환경을 변혁하고, '교육'이나 '배움'에 대한 철학을 전환하지 않는 한 문제는 무엇 하나 해결되지 않는다고 한다. 지당한 말이다. 그리고 행정기관이 추진하는 현직 연수도 학교 내부에서 동료에게서 서로 배우는 관계를 구축하지 않고서는 교사의 업무만 과중하게 할 뿐이라고 한다. '배움의 공동체'로서 학교 개혁은 이 프랑스에서도 풀뿌리 운동으로 활발하게 계속되고 있다.

배움을 이어 주는 민주적 커뮤니티
- 케임브리지 시 작은 학교

1. 공동체로서 학교

2002년 10월 21일, 하버드대학교에서 자동차로 10분, 케임브리지 시市 교외의 하가티 학교를 방문했다. 이 학교 방문은 몇 번째일까? 몇 년에 한 번은 반드시 방문하게 된다. 결코 유명한 학교는 아니다. 전혀 이름이 나 있지 않은 학교라고 해도 좋다. 특별한 특징이 있는 학교도 아니다. 아주 평범한 공립 초등학교이다. 그러나 이 학교에는 나를 매료시키고, 끝없이 계발시켜 주는 그 무언가가 있다.

현관을 들어서자 조 페트나 교장이 언제나처럼 변함없는 웃는 얼굴로 맞이해 주었다. 15년에 걸친 친구 중 한 사람이다. 조 교장은 열린 교육Open Education의 거점으로 알려져 있는 노스 다코다North Dakoda 대학 대학원에서 언어 발달 연구로 학위를 취득한 후 케임브리지 시 학교 개혁을 지원하는 장학사로 활약했고, 12년 전부터 이 학교 교장을 맡고 있다. 시외에는 알려져 있지 않은 교장이지만, 내가 가장 존경하는 교육자 중 한 사람이다. 공교육은 훌륭한 식견과 경험을 갖춘 많은 교사에 의해서 유지되고 있는데, 조 교장도 그중 한 사람이다.

산타클로스처럼 머리를 기른 조 교장은 언제나 아이들과 교사들에게 부드러운 눈빛을 보낸다. 이날도 붉고 화려한 넥타이에는 아이들이 아주 좋아하는 삽화가 그려져 있었다. 조 교장의 훌륭함은 학교가 어떤 장소여야 하는지를 잘 알고 있고, 그 사명을 달성하기 위해 무엇이 필요하며, 교사와 아이들, 학부모가 어떤 어려움을 만나고 있고 그것을 어떻게 극복하는가를 숙지하고 있다는 점에 있다. 그래서 아이들과 교사, 학부모 누구나 친밀감을 담아 '조'라고 부르며 조 교장을 신뢰하고 존경하고 있다. 조 교장은 학교의 공공적 사명이 다양한 아이들의 다양한 필요에 따라 교사와 학부모가 협동 관계를 구성해 '민주적 공동체'를 구축하는 데 있다는 것도 가장 잘 알고 있다.

그래서 조 교장은 바쁘다. 아침부터 밤까지, 새해부터 연말까지 언제나 동분서주한다. 하가티 학교 교장으로서의 책임과 시내 15개 초등학교 교사 현직 연수 프로그램 지도도 맡고 있다. 이 지도는 근교에 있는 대학과 협력하지 않으면 안 된다. 더욱이 케임브리지 시와 30년에 걸쳐서 각 학교의 인종 균형을 표준화하는 학교 선택을 실시해 왔는데, 2002년도부터 인종 균형 정책에다 가정 수입의 경제적 균형을 표준화하는 일도 실시하게 되었다. 이 정책을 학부모들에게 이해시키기 위해서는 많은 에너지가 필요하다. 그리고 케임브리지 교육위원회는 8·4제에서 6·3·3제로 바꾼다는 정책을 결정했다. 그러한 최초의 중학교 건설이 조 교장에게 맡겨졌다. 조 교장은 '민주적 커뮤니티'를 창조하는 모든 일에 종사하고 있다.

2. 조용한 가운데서

조 교장의 안내로 3학년 교실과 취학 전 유아 교실 그리고 1학년 교실과 도서실을 관찰했다. 3학년 교실에서는 '묵독默讀'이 이루어지고 있었다. 아이들 18명이 담임인 크리스 선생과 인턴 두 사람의 지도하에 배우고 있었다. 교실은 소그룹으로 나누어 서로 배울 수 있도록 배치하고, 과학, 읽기, 미술, 수학 등과 관련된 내용을 코너에 전시하여 배움을 촉발하는 환경을 마련했다. 이러한 공간 구성은 오늘날 세계 추세라고 해도 좋은데, 교실과 실험실, 아틀리에를 겸해서 마련한 듯한 모습이다.

묵독이 끝나면 교실 앞쪽 담요를 펼쳐 놓은 곳에 둥글게 둘러앉아 '어떤 때에 책 읽기를 그만두게 되는가?'라는 주제로 대화를 나누었다. '이야기가 연결되지 않을 때', '아무 감정도 일어나지 않을 때', '다른 것을 하는 것이 좋다고 생각할 때', '책 쓰는 방법이 아주 심각할 때', '어려운 어휘가 많이 있을 때', '이야기가 너무 길 때'라는 의견이 계속 이어졌다. 부드러운 목소리와 온화한 시간의 흐름에 실로 기분이 좋다.

이 학교를 방문할 때는 어느 교실에서나 공통적으로 나타나는 조용함과 부드러움에 언제나 감명을 받아 왔다. 이 조용함을 만들어 내고 있는 것은 한 사람 한 사람의 배움이 존중되는 신뢰의 감정이고, 타자他者의 작은 목소리에서 배우려고 하는 서로 듣는 관계이다. 그러나 이 온화한 시간의 흐름은 무엇으로 이루어지고 있는 것일까? 이 학교 교실에는 '질적인 시간'이 충만하다. 서로 배우는 숨결의 교류가 만들어지고 있는 것이다.

조용함과 온화함은 교실 커뮤니케이션의 유연성과 밀도가 만들어 내고 있는 것이지만, 교실 환경에 대한 세심한 배려도 빠트릴 수 없다. 이 학교 교실 책상과 의자 다리에는 모두 오래 사용한 테니스공이 구두처럼 신겨져 있었다. 이 고안에 따라 이 학교 교실에서는 책상과 의자를 옮길 때 생기는 쇳소리 같은 불쾌한 소리가 귀에 들리지 않는다. 작은 배려이지만 아주 큰 효과를 낸다. 이 학급에는 정서가 불안정한 아이와 학습 장애 아이가 여러 명 있으나 이 조용함과 온화함은 그들의 배움을 분위기로 지지해 주고 있다.

취학 전 유아 교실에서는 어린이 12명이 담임교사와 인턴 그리고 지역사회 자원봉사자의 도움을 받아 배우고 있었다.

이 교실도 많은 게시물과 색채가 풍부한 소재로 넘치고 있다. 예를 들면 칠판 위에는 이齒 모양을 한 종이에 1월에서 12월까지 달의 이름이 적혀 있다. 어린이에게 젖니가 나는 것은 대단한 일이다. 잃어버림에 대한 두려움을 경험하는 동시에 젖먹이에서 벗어나는 자랑스러운 경험이기도 하다. 그 좋은 기회를 메리 선생은 '열두 달 이름'의 배움과 결부시키고 있다.

교실에 들어서자마자 스낵snack 시간이었다. 이 시간은 미국 학교생활에서 특별한 의미를 갖는다. 당번 아이가 과자와 주스를 준비하고 그것을 먹기만 하는 시간이지만, 거기에서 경험할 수 있는 것은 사교 예절이다. 일종의 휴식 시간tea time에 친구들과 얘기하고 즐기는 사회 예절이 형성되고 있는 것이다.

스낵을 다 먹자 메리 선생은 아이들을 교실 앞쪽에 모아 '달력'을 주제로 대화를 시작했다. 우선 '어제', '오늘', '내일'의 세 칸에 '일요일', '월요일', '화요일' 표를 붙이고, 계속해서 '20일', '21일', '22일' 표를 붙였다. 아이들의 관심은 10일 후인 핼러윈halloween에 집중되고 있다. 메리 선생은 '어제', '오늘', '내일' 표를 보도록 하고는 "핼러윈인 31일은 무슨 요일이 될까요?"라고 질문을 던지고, 아이들은 그 답을 10월 달력을 꺼내서 확인한다. 잘 보면 그 달력의 날짜 칸에는 '호박'과 '고양이' 두 종류 일러스트가, '호박', '호박', '고양이' 순으로 반복해서 씌어 있다. "핼러윈인 31일은 '호박'의

날이 될까? '고양이' 날이 될까?" 메리 선생의 이 발문에 아이들은 필사적으로 손가락을 꺾으며 생각하기 시작했다. 반복하는 패턴 인식이 아이들의 흥미에 따라 훌륭하게 전개되고 있었다.

1학년 교실에서는 담임인 엘리자베스 선생이 히스패닉 hispanic(스페인어를 쓰는 중남미계 미국 이주민과 그 후손)인 앤디 이야기를 서로 공유하는 수업을 진행하고 있었다. 앤디는 몇 개월 전에 아이티공화국에서 미국으로 이민을 왔다. 앤디가 태어난 아이티는 어떤 곳인가? 어떤 친구들이 있었는가? 앤디 동생은 집에서 무엇을 하고 있는가? 앤디는 개를 기르고 있는가? 언제 행복을 느끼는가? 학교에서 곤란했던 적은 없었는가? 많은 질문이 나왔고, 앤디와 대화를 끝낸 아이들은 '앤디 이야기'라는 제목으로 책 만들기를 했다.

3. 배움을 지지하다

이 학교의 발전적인 배움을 지지하고 있는 것이 사서 교사인 칼린이다. 그녀는 다른 학교 도서관과 제휴하여 학년마다 학습 주제의 참고 자료를 준비하고 동시에 도서실을 기반으로 그녀가 독자적으로 전개하는 나이가 다른 소그룹 학습 프로젝트도 개발하고 있다. '공룡의 발굴(야외 수업)', '지층 연구', '이누이트(에스키모)의 삶', '소방수가 하는 일',

'원폭의 아이', '수의 발견' 등 주제는 다양하게 걸쳐 있고, 도서실 자체도 주제마다 코너가 구성되어 있다. 5층 도서실과 3층 컴퓨터실은 아이들의 학습을 지원하고, 교사의 커리큘럼 개발을 지원하는 자료 센터로 삼고 있다.

교실 참관을 마치고, 어느 학년에서나 아이들 사이에 서로 듣는 관계가 자라고, 교사들이 협동을 실현하고 있는 비결에 대해서 질문해 보았다. 조 교장은 어떤 아이나 배움에 전념하고 도전할 수 있게 하기 위해서는 학교는 쾌적한 장소가 되지 않으면 안 된다고 강조하면서 아이 상호 간에 서로 듣는 관계는 그 결과로 생긴다고 말한다.

조 교장이 학교 창조에서 특히 강조하는 것은 교사가 아이들을 세심하게 관찰하는 것이 중요하다는 점이다. 아이들은 언제나 세심하게 교사가 하는 것을 보고 있는데 그와 같이 세심하게 아이들을 보고 있는 교사는 적다고 말한다. 이 학교에서는 몇 년 전 교실에서 모든 대화를 녹음하여 아이들의 목소리를 다시 듣고 나서부터 관찰력을 높이는 연수를 실시했다고 한다. 거기에서 발견된 것은 아이들의 목소리를 '표현의 언어'로 받아들이는 것의 중요함이고, 그들 목소리를 추상적 또는 일반적으로 인식하지 않고, 프로젝트식 배움의 경험에 맞추어 구체적으로 인식하는 것의 중요함이었다고 한다.

한 사람 한 사람의 목소리를 '표현의 언어'로서 구체적으로 인식하는 것의 중요함은 아이들만이 아닌 교사나 학부모도 마찬가지다. 서로를 잘 관찰하고, 활동을 공유하면서 즐거운 관계를 구축하는 것이 모든 개혁의 전제여야 한다. 그것이 조 교장의 개혁 철학이다.

제6장

배움을 촉발하고 지원하는 일

教師たちの挑戦

배움의 성립

한 수업 풍경

교실에서 일어나는 배움을 관찰해 보자. 시즈오카 현 후지 시 히로미초등학교広見小学校 1학년 국어 교실이다. 교사는 아카부치赤渕 선생인데 교직 20년인 베테랑 남자 교사이다. 얼핏 보면 무서움이 풍기는 외모이지만, 아이들에 대한 대응은 따뜻하고 부드럽다. 그 따뜻함과 부드러움이 36명 아이들에게 구김살 없고 안정된 분위기를 만들어 내고 있다. 교재는 '씨앗의 불가사의'다. 언제나처럼 전원이 서서 교과서 문장을 똑같은 속도로 소리 내어 읽는 것으로 수업이 시작된다. 소리를 맞추어 일제히 읽는 것이 아니고, 한 사람 한 사람이 자기 속도로 소리 내어 읽는다는 것은 정말 멋지다. 한 사람 한 사람이 자기 읽기를 자기 속도로 표현하는 것 외에는 교재의 말과 만나는 신체의 이미지를 환기하는 것은 불가능하다. 읽기를 끝낸 아이부터 차례로 자리에 앉고, 이

212

읽고 천천히 음미하듯이 읽고 있던 마지막 한 아이가 자리에 앉았다. 마지막 한 아이가 읽기를 끝낼 때까지 읽기를 끝낸 아이들은 자리에 앉아 그 소리를 듣고 있었다. 1학년이 된 지 반년이 채 되지 않았는데도 잘 들을 수 있는 아이들이다.

아이들 전원이 읽기를 끝내자 아카부치 선생은 오늘 수업에서 다룰 부분을 칠판에 쓰고, 다시 한 번 소리 내어 읽게 한다.

'쇠무릎은 사람의 옷이나 케모노けもの 몸체에 달라붙습니다. 그리고 여기저기 옮겨집니다.'

"쇠무릎이 뭐야?"라는 소리가 퍼졌다. 교과서에는 쇠무릎과 그 열매를 아주 상세하게 그린 삽화가 있었는데도 아이들은 쇠무릎이 어떤 풀인지 짐작을 하지 못한다. 아카부치 선생이 전날에 채집한 쇠무릎을 한 포기씩 아이들에게 나누어 주자 "아, 이거 아는 거야."라는 소리가 여기저기에서 나왔고, 옆자리 친구의 옷에 열매를 붙이는 활동이 교실에 퍼졌다. 스치는 것만으로도 달라붙는 재미있는 체험이다.

쇠무릎을 붙인 후, 아카부치 선생은 다시 한 번 칠판에 적은 문장을 소리 내어 읽게 했다. 그러자 한 남자아이가 일어서서 "'케모노'가 뭐예요?"라는 질문을 한다. "나, 알아."라고 한 여자아이가 지명되자 "'케모노'란, 스웨터나 조끼 등

을 말합니다."라고 대답했다. "그렇구나!" 하고 이해하는 소
리가 교실에 퍼졌다. 가까스로 '케모노'를 털이 있는 것이라
는 의미를 지닌 '케모노毛物'라고 읽은 듯하다. "틀렸어, 틀렸
어."라고 하는 남자아이를 지명해도 "저~, 달라붙는 옷, 축
제 때 입는 옷이라든지……."라는 등 도무지 해결이 되지 않
는다. '케모노'를 '털이 있는 것'으로 이해한 아이의 아이디어
에 영향을 받아 모두 '케모노'에 대해 자기식의 이미지를 완
성한 것이다. 결과는 틀렸지만, 단편적 발언 하나하나가 '케
모노'라는 어휘의 이미지를 겹겹이 쌓아 올리고 있다. "옛날
사람으로 모피를 허리에 두르고 있는 사람"이라는 의견도
나온다.

그 지점에서 아카부치 선생은 벗어 둔 자기 스웨터를 꺼
내 "이것을 케모노라고 말하는군요." 하고 '케모노'에 대한
생각을 확인한 뒤 칠판에 적은 문장인 '사람의 옷이나 케모
노 몸체에 달라붙습니다.'라는 한 구절을 읽은 뒤에 "자, 이
'케모노'는 털실로 짠 옷일까?"라고 묻는다. 그러자 한 남자
아이가 손을 들어 "케모노는 동물"이라고 대답했다. 아카부
치 선생은 "그렇지요. '케모노'는 몸이 털로 덮여 있는 생물
이라는 의미로, 즉 동물이에요."라고 응답하고, 다시 한 번
칠판에 '사람의 옷이나 케모노의 몸체에 달라붙습니다.' 구
절을 큰 소리로 읽고, '사람의 옷'과 '케모노의 몸체' 이 둘에
쇠무릎이 '달라붙는다'는 것을 문장의 어휘에 맞추어 확인
하고 있다.

교과서에는 '쇠무릎' 열매를 확대하여 나타낸 삽화가 있다. 아주 작은 알갱이 같은 씨앗에 날개 비슷한 뾰족한 돌기 두 개가 연결되어 있고, 그 돌기에 '달라붙는다'는 것을 잘 알 수 있다. 한 남자아이가 "토끼 같다."라고 말한다. "왜 그런데?" 하고 물으면 '토끼' 형상을 본떠서 껍질을 깎은 사과와 닮았다고 말하는 것이다. "정말 그러네." 하면서 듣고 있던 아이들은 신기하게도 동의한다. 이래서 1학년 수업은 재미있다. 아이들은 자기 이미지를 완전히 가동시켜 대상 하나하나에 다가가고 있다.

아카부치 선생은 "교과서에는 쇠무릎에 관한 것이 씌어 있는데, 여러분은 쇠무릎처럼 달라붙는 씨앗에 대해 모르나요?"라고 물으면 일제히 "달라붙는 벌레", "돼지풀"이라는 목소리가 여기저기에서 높아져 간다. '달라붙는 벌레'도 '돼지풀'도 아이들이 이름을 붙인 것이고, 다 도꼬마리 열매를 일컫는 것이다. 옷에 달라붙는 전형적인 열매로, 누구든 이 열매를 친구 옷에 붙이고 놀았던 경험이 있을 것이다. 아카부치 선생은 이 시점에서 한 명 한 명에게 도꼬마리 열매를 나누어 주고, "이것은, '달라붙는 벌레'라든가 '돼지풀'이라고 말했지만, 정확하게는 '도꼬마리'라고 합니다."라고 설명한다.

그리고 한 사람 한 사람에게 펜pen 모양을 한 간이 현미경을 건네주고 도꼬마리를 확대하여 관찰하게 했다. 50배 현미경에 얼굴을 갖다 대며 들여다본 아이들에게서 "멋지다!"라는 경탄의 소리가 흘러나왔다. 확대해 보면 도꼬마리 씨앗은 확실하게 특별한 모양이다. 많은 가시가 마치 특별한 생물과 같은 열매에서 튀어나오고 있다. 수억 년 전의 정글에 들어간 것 같은 광경이다. 사실 아카부치 선생의 목표는 다른 것이었다. "가시의 끝은 어떻게 되어 있을까요?"라고 질문을 하니 여기저기서 다시 경탄의 소리가 나왔다. 가시 하나하나의 끝을 자세히 들여다보면 뾰족할 뿐만 아니라 갈고리 모양으로 굽어져 있다. 이 끝이 갈고리 모양으로 굽어진 가시가 의복에 걸리도록 되어 있는 것이다.

그렇게 해서 '씨앗의 불가사의'가 일단락되어 수업은 끝나 가고 있었다. 시간이 조금 여유가 있어서 마지막으로 아카부치 선생은 "오늘 배운 것을 옆 친구에게 물어볼까요?"라는 과제를 냈다. "'돼지풀'은 어떤 열매야?", "도꼬마리 열매지."라는 대화나 "'달라붙는 벌레'의 가시 끝은 어떻게 되어 있을까?", "뾰족하고 끝이 굽어져 있어."라는 대화가 교류되고 있었는데, 그중에는 "'케모노'라는 건 뭐지?", "'케모노'라는 건 양복이나 스웨터야."라는 대화도 여기저기에서 들린다. 그만큼 주의 깊고 신중하게 확인했는데도 아이들에게는 '케모노=털이 있는 것'이라는 생각이 그렇게 공고했던 것이다.

배움의 성립

1학년의 신선하고 아름다운 숨결이 교실 전체에 서로 통하는 흐뭇한 수업이었다. 우락부락한 풍모지만 아이들에게 세심하게 대응하는 아카부치 선생의 태도가 수업을 윤택하게 했고, 훌륭하게 고안된 수업 전개가 아이들이 활발하게 참가하도록 촉진했다. 아카부치 선생은 교직 20년째인 베테랑 교사이지만, 우락부락한 풍모 때문에 저학년 담임을 희망했는데도 1학년 담임을 맡은 것은 처음이었다고 한다. 이 학교에 오기 전에는 아이들에 대한 대응을 연구하기 위해 이미 양호학교를 3년간 체험했다고 한다. 그 경험이 뒷받침된 수업 전개였다.

이 사례를 토대로 배움이 성립되고 전개되는 모습을 솔직하게 묘사해 보고자 한다. 배움은 대상과 만나고 타자他者와 만나며 자기 자신과 만나는 경험이다. 대상과의 대화, 타자와의 대화, 자기 자신과의 대화를 통해서 학습자와 대상 세계, 타자, 그리고 자기 자신과 관계를 재구축하고 각각의 의미를 재구성하게 된다. 이 의미와 관계의 재구성을 배움이라고 정의하고자 한다.

이 수업에서 아이들은 우선 교재의 문장과 만나고 있다. 문장의 어휘가 그대로 의미를 담고 있는 것은 아니고, 학습자가 교재를 읽는 행위를 통해서 문장의 어휘에 의미와 이미지를 구성하는 것이다. '케모노'를 둘러싸고 있는 대화가 좋은 예다. 아이들은 '케모노=털이 있는 것'이라고 한 친구의 해석을 받아들이면서 읽고 있었다. 교사가 '케모노=짐승獸'이라는 의미로 설명해도 아이들 대부분은 '케모노=털이 있는 것'이라고 한 친구의 해석을 받아들이면서 읽고 있었다. '케모노=털이 있는 것'이라고 이해하는 것은 당장은 문제가 없다. '케모노'라는 어휘를 둘러싼 한 사람 한 사람의 이미지가 교류되고, '케모노=털이 있는 것'이라는 해석과 '케모노=짐승'이라는 해석 두 가지로 수렴되어 아이들 각각이 어느 쪽인지에 의미를 두고 문장 내용을 구성했다는 점이 매우 뛰어나다. 배움은 우선 대상과의 관계를 개인과 개인의 이미지와 마주치면서 하나로 합친 의미를 구성하는 과정으로 전개되고 있다.

도꼬마리 열매에 대해서 '달라붙는 벌레'와 '돼지풀'이라는 이름을 찾는 장면에서도 같은 과정을 볼 수 있었다. 이 도꼬마리 열매에 관해서 아이들은 '달라붙는 벌레'와 '돼지풀'이라는 이름을 서로 교류하고, 교사는 '도꼬마리' 열매와 아이들 사이에 쌓이고 쌓이는 관계를 만들어 내고 있다. '도꼬마리'라는 학술명을 알게 된 사실이 배움은 아니다. '달라붙는 벌레'와 '돼지풀', '도꼬마리'라는 3개의 이름을 통해서 이 열매의 이름과 이미지가 쌓이고 쌓여 풍부하게 되고, 아이들과 새로운 관계가 만들어졌다는 사실을 배움이라고 말할 수 있어야 할 것이다.

쇠무릎 열매와 도꼬마리 열매를 교실에 가지고 들어와 관

218

찰한 점도 이 수업에서 배움을 풍부하게 하고 있다. 쇠무릎 열매를 교과서 삽화와 실물로 관찰한 한 아이는 그 열매 모양을 "엄마가 만들어 주는 사과 토끼"라고 표현하여 교실에 웃음을 불러일으켰다. 또 도꼬마리 열매를 현미경으로 관찰한 한 아이는 "우주의 도깨비가 나오는 집"이라고 표현하고, 다른 아이는 "우주의 정글"이라고 표현해 그 괴상한 기하학적 형체에 놀라움을 표현한다. 평소 '달라붙는 벌레'와 '돼지풀'이라고 이름을 붙여 친숙해진 풀 열매도 마이크로micro 세계를 들여다보면 이상하리만치 신비스러운 세계가 표면에 드러나게 된다. 아이들은 도꼬마리 열매와 새로운 만남을 체험하고 있는 것이다. 이 대상과의 새로운 만남을 대화로 이끌고 있는 것이 "우주의 도깨비가 나오는 집"이라고 하는 친구의 표현이라든가 "우주의 정글"이라고 하는 친구의 표현이다. 사물이 신체에 환기하는 상상력은 무한하다. 간이 현미경이라는 도구를 통해 실물과 만남으로써 문장의 어휘만으로는 체험할 수 없는 '씨앗의 불가사의'를 깨닫는 배움이 실현되고 있다.

일반적으로 교실 수업, 특히 국어 수업이 되면 교재의 문장이나 어휘 인식에 한정되어 실물을 교실에 갖고 들어오는 일은 멀어지기 쉽다. 그 때문에 교과서 내용은 교과서 속만의 이야기로 되어 배움은 어휘 측면에서만의 체험으로 한정되고, 아이들이 살고 있는 현실 세계와의 관련은 단절되어 버린다. 이 수업에서 쇠무릎 열매나 도꼬마리 열매 실물을 교실에 들여놓음으로써 아이들은 씨앗 실물과의 만남과 대화를 통해 '씨앗의 불가사의'를 실감 나게 경험하는 배움을 실현하고 생생한 어휘의 배움을 구현한다.

독백Monolog의 배움을 넘어서

아이 내면의 사고에 귀를 기울여

교실의 배움은 대상 세계(사물, 교재)와의 만남과 대화, 교실의 교사나 친구와의 만남과 대화, 그리고 자기 자신과의 만남과 대화에 의해 수행되고 있다. 배움은 이 세 차원에서 이루어지는 대화적 실천이다. 대상 세계와의 대화(세계 만들기), 타자他者와의 대화(동료 만들기), 자기와의 대화(자기 만들기)라는 대화적 실천이 통합되어 수행되는 일이다. 따라서 배움이 풍부하게 전개되는지의 여부는 배움이 대화Dialog의 언어에 의해 수행되는가에 달려 있다.

배움에서 기능하고 있는 대화적 성격을 히로미초등학교에서 관찰한 또 하나의 수업 사례에 맞추어 검토해 보고자 한다.

히로미초등학교 4학년은 지역 환경 학습으로 '하수도'를 주제로 하여 총합학습을 전개하고 있다. 히로미초등학교는 후지 산 기슭 개척지에 위치한 학교이다. 이 학교에서는 총합학습을 시작할 때 "다른 학교처럼 지역에 사적史蹟도 없고, 바다나 강도 없습니다."라고 곤혹스러워하는 교사들의 목소리가 나왔다고 한다. 그래서 4학년 학년 단위에서는 곧장 환경 학습을 설정하고 '하수'를 주제로 하여 생활하수 조사부터 시작하기로 했다. 우선 후지 시 하수처리장을 방문하고, 악취를 방출하는 용수로 물이 처리장 시설에서 정화되는 모습을 조사했다. 그러나 여기에서 교사도 아이들도 큰 문제에 직면하게 된다. 하수처리장 조사 후 각 가정 생활하수 행방을 조사하는 학습을 실시했는데 반수 이상의 아이들 가정에서 화장실 정화조가 설치되어 있지 않고, 생활하수는 하수도로 흐르지 않고 직접 강으로 흘러들어 강과 바다를 오염시키고 있다는 사실이 밝혀졌기 때문이다. 장소에 따라서는 세대 수 3분의 1밖에 하수가 정비되어 있지 않은 지역도 있다.

그래서 학교 구역 전체 하수도 정비 상황을 그룹으로 나누어 조사하기로 했다. 이 조사에는 어머니들도 참가했다. 지역마다 걸어서 맨홀을 찾아내어 학교 구역 지도에 맨홀 위치를 적어 넣는 학습이다. 후지 시 맨홀에는 후지 산 모습의 도장이 새겨져 있고, 그 후지 산 도장에 새겨져 있는 산의 방향으로 하수는 흐르고 있다. 이것을 알면 맨홀을 열지 않아도 하수가 흐르는 방향을 알 수 있고, 다음 맨홀을 쉽게 찾아낼 수 있다. 그렇게 해서 지상에서는 볼 수 없는 하수도 정비 상황이 한눈에 알 수 있는 학교 구역 지도를 완성할 수 있었다. 그 지도를 보면 학교가 위치하는 중심 지역에서는 대부분 세대에 하수도가 정비되어 있는 데 비해서 학교에서 떨어진 지역에서는 대부분의 세대에서 하수도가 정비되어 있지 않다는 것이 일목요연하게 나타났다.

4학년 담임인 구레바야시紅林 선생 학급에서는 아이들이 제출한 의문점 '많은 돈을 들여서라도 하수도를 설치하는 것이 좋은가?'를 과제로 의견을 서로 교환하는 수업이 전개되었다. 구레바야시 선생은 이 수업에서 토론 형식의 활발한 논의를 기대하고 있었다. 미리 위의 의문점에서 찬성과 반대 의견을 스스로 정리하도록 지시하고, 이 수업에서는 찬성과 반대 의견의 근거를 제시하면서 발표하고 교류할 것을 요구했다. 누구라도 의견을 서술하기 쉽고, 게다가 토론이 활발하게 진행될 수 있도록 책상을 뒤쪽으로 밀어내고 의자만 칠판 앞으로 모으자 즉시 토론이 시작되었다.

'많은 돈을 들여서라도 하수도를 설치하는 것이 좋은가?'라는 질문에 찬성하는 아이들은 오염된 강의 실상을 생생하게 보여 주기도 하고 하수처리장 효과를 설명한다거나 정화조는 화장실 물을 정화할 뿐, 생활하수 정화에는 효과가 없다는 점을 발표했다.

한편 반대하는 아이들은 하수도 시설이 없는 지역의 가정에서는 정화조를 설치하는 데 많은 돈을 사용하고, 더욱이 하수도를 자기 부담으로 정비한다고 하면 부담이 너무 크다는 것, 몇몇 가정에서 하수도 설비를 원한다 해도 시市의 정비 계획에서 제외된 지역이 있다는 것, 이를테면 하수도 시설이 없다 해도 합성세제를 사용하지 않고, 자연 소재 비누를 사용하는 것 등으로 환경을 지키면 된다고 주장하고 있다.

구레바야시 선생은 한 사람 한 사람의 의견이 모두 나왔을 때 이 토론을 일단 일단락 짓고, '하수도 정비가 늦어진 이유가 무엇일까?'라는 질문을 생각해 보기로 했다. 뒤편으로 밀어낸 책상을 모두 제자리로 되돌려서 자기의 생각을 노트에 정리하게 하고 자기 생각을 정리한 아이부터 차례로 지명하여 '하수도 정비가 늦어진 사실'에 대한 대화로 방향을 바꿨다.

구레바야시 선생이 '많은 돈을 들여서라도 하수도를 설치하는 것이 좋은가?'를 둘러싼 찬성과 반대 토론을 일단락 지은 까닭은 더 이상 이 문제를 가지고 토론해도 같은 성격의 의견이 계속될 것이라고 판단했기 때문이다. 사실 이 토론은 같은 의견이 반복해서 등장하는 단조로운 전개를 보였던 것이다. 아이가 노트에 기록한 자기 의견을 발표하고 있을 뿐, 토론장에서 생성되는 생생한 의견이 생겨나지 않는다. 그리고 시간이 경과할 뿐 발언하는 사람은 특정한 아이로만 한정되어 토론은 교착 상태였다. 게다가 그토록 지역을 순회하여 조사했는데 그 조사한 경험에서 시작되는 말은 하나도 표현되고 있지 않았다. 더 이상 토론을 계속해도 소용이 없다는 구레바야시 선생의 판단은 옳았다.

그러나 구레바야시 선생이 제시한 다음 과제인 '하수도 정비가 늦어진 이유는 무엇일까?'라는 질문은 아이들에게는 너무 어려운 문제였다. "자기 의견을 노트에 정리해 봅시다."라고 활동을 부과해도 아이들 대부분은 아무것도 쓸 수 없는 상황이었다. 그럼에도 불구하고 이것에서부터 대화는 조용하게 전개된다.

한 여자아이가 맨홀 조사 후 어머니가 "몇몇 시가 비용 절반을 보조한다 해도 하수도 정비는 너무 비싸."라고 언급한 내용을 소개하자 이어서 다른 여자아이가 집을 살 때 정화조 예산은 준비하지 않았다고 부모가 불평한 것을 말했다. 게다가 후지 시 도로 계획에서 장래 도로로 매수할 예정인 가정에는 하수를 정비할 계획이 없다고 시청 담당자가 말했다는 것 등을 차례로 이야기했다. 이러한 이야기 모두가 아이들 한 명 한 명의 생활 실태나 아이들이 조사한 사실에 근거한 것이며 더듬거리며 발언했지만 현실감 있는 발언이었다. 게다가 "○○의 발언을 듣고 생각한 건데……."라든가 "△△의 의견에서부터 생각해 낸 것이지만……."이라든가, "◇◇하고는 조금 다르지만……."과 같이 한 명 한 명의 발언이 교실에 있는 다른 아이의 발언에서 촉발되어 직물과 같이 연속적으로 이어지고 있다. 전반부 토론과는 질적으로 다른 커뮤니케이션으로 전개되고 있었던 것이다.

그리고 한 남자아이가 "어떤 아저씨에게 들은 건데, 이 지

역 지하는 큰 바위가 여기저기 지천으로 깔려 있어서 하수
도를 만드는 것이 간단치 않다고 해요."라는 의견을 내자 대
화는 '하수도 정비가 늦어진 이유는 무엇일까?'라는 구레바
야시 선생이 설정한 과제에 바짝 다가가는 양상으로 전개되
었다. "다시 한 번 조금 더 자세하게 말해 볼까요?"라고 구
레바야시 선생이 제안했다. 이 남자아이는 학교에서 귀가하
는 도중에 도로 공사를 하고 있는 어떤 아저씨에게 하수도
공사를 하고 있는 거냐고 여쭤 보았다고 했다. 그 공사는 하
수도 공사는 아니었지만, 아저씨가 "이 지역에서는 조금만
파도 큰 바위가 여기저기 깔려 있어서 공사하기가 아주 힘
들어."라고 했다는 것이다. 다른 아이들이 학교 근처에서 새
로 집을 짓기 위해 기반을 다지고 있는 공사 현장을 친구들
과 함께 보러 간 체험담을 꺼냈다. 그 공사에서도 조금 파
다 보면 큰 바위가 있어서 공사가 난항을 겪고 있었다고 말
한다.

아이들의 발견과 대화는 문제 핵심을 파악하고 있었다.
히로미초등학교 지구에 하수도가 불충분하게 정비될 수밖
에 없었던 것은 이 학교 지역이 후지 산 산기슭 들판의 개
척지이기 때문이다. 이 지역 지하는 후지 산 분화에 의해 퇴
적된 큰 바위가 무수히 묻혀 있어서 하수도 공사를 하려면
엄청난 노력과 비용이 필요하다. 히로미초등학교 교사校舍를
지을 때에도 지하에 콘크리트 지주를 박아 넣는 데에 많은
비용이 들었다고 한다. 하수도 시설이 히로미초등학교 주변

으로 제한되고, 멀수록 정비되어 있지 않은 이유는 이 지역 개척이 히로미초등학교가 위치하는 마을 중심지에서 점차 바깥으로 확대되었기 때문이다. 특히 주택지가 확대된 70년대 이후에 개척된 지역에서는 하수도가 대부분 정비되어 있지 않다. 이렇게 해서 '하수'를 주제로 출발한 4학년 환경 학습은 그때까지 교사와 부모들도 몰랐던 지역 역사와 과제를 재발견하는 배움으로 발전했다.

구레바야시 선생의 교실로 되돌아가 이 수업의 커뮤니케이션 특징을 다시 한 번 검토해 보자. 앞에서도 언급한 바와 같이 이 수업 전반부 '토론'과 후반부 '대화'는 커뮤니케이션과 그 언어에서 질적으로 다른 전개를 이루고 있다. 그 차이점을 한마디로 요약하면 독백monolog의 언어와 대화dialog의 언어 대비로서 나타낼 수 있다. 전반부의 '찬성'과 '반대'로 나누어진 토의식 토론에서 한 사람 한 사람의 의견은 독백이고, 대화적인 관계는 성립되지 않는다. 각자 저마다 노트에 정리한 의견을 독백으로 발표할 뿐이다. 따라서 한 사람 한 사람의 의견 연결은 명료하지 않다. 또 차례로 의견이 계속되어도 발표된 내용 간에 질적 차이를 인식하기가 어렵다. 타자와의 대화나 자기와의 대화가 방해받고 있을 뿐만 아니라 대상 세계와의 대화도 방해받고 있다. 그것은 세심한 지역 조사를 경험한 직후임에도 불구하고 아이들 의견 속에 그 경험한 사실이 반영되어 있지 않았던 것에도 드러난다.

구레바야시 선생을 막론하고 많은 교사들은 활발하고 명

료하게 의견을 서로 말하는 수업을 원하는 경향이 있다. 애매모호한 말이나 더듬더듬한 말보다 명시적인 말이나 명확한 의견을 말하는 것을 중시하는 경향이 있다. 구레바야시 선생이 지역 조사 후에 '많은 돈을 들여서라도 하수도를 설치하는 것이 좋은가?'라는 과제를 설정하고, '찬성' 파와 '반대' 파로 나누어 '토론'을 조직한 것, 그렇게 함으로써 아이들이 자기 의견을 명료히 하고 활발하게 서로 토론할 것을 기대했기 때문이다. 확실히 구레바야시 선생의 의도대로 학생들은 '찬성'과 '반대' 의견을 명확히 해서 명료한 말로 발언을 거듭하고 있었다. 그러나 그들이 하는 말은 타자와의 대화나 자기와의 대화, 대상 세계와의 대화가 결여된 독백의 언어였다.

이 수업의 훌륭함은 구레바야시 선생이 또 한 번 도전했다는 점이다. 지금까지 구레바야시 선생 수업이 전반부에 표현되어 있다고 한다면 앞으로 구레바야시 선생의 수업 개혁 방향은 후반부에서 보인 한 번의 도전에서 표현되고 있다. 구레바야시 선생은 굳이 '하수도 정비가 늦어진 이유는 무엇일까?'라는 어려운 과제를 제기하고, 곧바로 언어로 표현할 수 없는 아이들 내면의 사고에 귀를 기울이려고 도전한 것이다. 실제 이 발문은 결코 적절한 발문이라고는 말할 수 없을 것이다. 아이들 대부분이 노트에 의견을 적을 수 없었던 사실이 그것을 나타내 주고 있다. 그러나 아이들 한 명 한 명 내면의 사고에 귀를 기울이려고 하는 구레바야시 선생의 도전은 교실의 커뮤니케이션을 근본적으로 전환 시켰다.

후반부의 '대화'가 대화 언어로 전개된 것은 한 명 한 명의 발언이 "○○의 발언을 듣고 생각한 건데……."라고 이야기를 꺼냈다는 사실이 나타내고 있는 바와 같이 타자의 언어를 매개로 하여 만들어 냈다는 점에서도 한 명 한 명의 발언이 타자와의 대화에서 성립되고 있는 것이다. 또 이들 발언이 자기와의 대화 속에 성립되고 있다는 점도 분명하다. 더듬거리는 이야기가 그 증거이고, 한 사람 한 사람의 이야기에 의해 사고가 발전하고 있다는 것이 자기 안의 대화를 말해 주고 있다. 더욱이 이들 말이 대상 세계와의 대화인 이야기로 시작되고 있다는 것도 명료하다. 조사하고 경험한 사실이 생생하고 풍부하게 표현되고 있기 때문이다. 수업 전반부에서 이야기가 '의견'이라는 진술이었던 것에 비해 수업 후반부 이야기는 '경험'의 진술이었다는 점이 중요하다. 후반부 이야기에서는, 전반부 이야기에서 표현할 수 없었던 아이의 신체감각의 경험이 개성적인 언어로 표현되고 있다. 그 결과 사고 내용도 보다 현실적이고 생생한 풍부함을 획득하고 있다.

구레바야시 선생의 수업은 교실의 커뮤니케이션을 독백 언어에서 대화 언어로 전환하는 소중한 도전이었다. 배움은 대상 세계(사물, 현상)와의 대화적 실천이고, 교실에 있는 타자(교사, 친구)와의 대화적 실천이며, 자기 자신과의 대화적 실천이었다. 구레바야시 선생의 도전은 배움을 중심으로 하는 수업 개혁과 그 개혁으로 무엇이 어떻게 바뀌는 것인지를 보여 주는 사례라고 말해도 좋을 것이다.

서로 배우는 관계

교사가 상호 서로 성장하기 위하여

'교실에 서로 배우는 관계를 구축하고 싶다'는 과제를 내세우고 히로미초등학교 교사 전원이 수업 개혁을 시작한 것은 앞의 두 수업보다 2년 전 일이다. 그해 중학교 교감에서 초등학교 교장으로 부임한 사토 마사아키佐藤雅彰 교장이 품은 '배움의 공동체로서 학교 창조'의 의지가 수업 개혁의 출발점이었다. 사토 교장은 원래 중학교 수학 교사이며, 수학 교재 연구와 수업 연구에 전념했던 교사였다. 그 사토 교장이 '배움의 공동체로서 학교 창조'라는 아이디어를 확실히 하게 된 데는 나의 저서《교육과정 비평》(1995)이 직접적인 계기가 되었다. '배움의 공동체로서 학교'는 학교를 아이들이 서로 배우고 성장하는 장소일 뿐만 아니라 교사들이 서로 배우고 성장하는 장소, 거기에 보호자인 부모들도 학교 교육 활동에 참여해서 서로 배우고 성장하는 장소라는 것을 의미한다. 내가 제창하는 이 학교 개혁 비전에 공감한 사토 교장은 히로미초등학교로 부임하는 즉시 이 학교 교사들과 이 비전에 따른 개혁에 착수했다.

'배움의 공동체'로서 학교 창조는 세 과제를 중심으로 추진되었다. 첫째는 배움을 중심으로 하는 수업 창조이고, 둘째는 교사 전원이 수업을 서로 공개하여 전문가로서 서로 성장하는 동료성collegiality 형성이며, 세 번째는 보호자가 교사와 함께 수업을 창조하는 '학습 참가'이다.

배움을 중심으로 하는 수업 창조는 두 가지 과제를 중심으로 추진된다. 하나는 '공부에서 배움으로의 전환'이고, 또 하나는 교실에 '서로 듣는 관계'를 형성하는 과제이다.

일본 학교교육은 오랫동안 '공부勉強'라는 문화에 지배되어 왔다. 이와 관련하여 중국어 '공부勉強'에는 원래부터 '학습學習'이라는 의미가 없다. 중국어 사전에서 '勉強'이라는 단어를 찾으면 '무리를 하는 일', '본래부터 무리가 있는 일'이라는 두 가지 의미가 기록되어 있을 뿐이다. 일본에서도 메이지明治 중기까지 '勉強'은 중국어 '勉強'과 같은 의미였다. 상인이 '아무리 해도 더 이상 깎아 줄 수 없다'는 뜻으로 사용하는 말이다. 학교 학습을 '공부勉強'라는 말로 사용하게 된 것은 학교교육이 바로 많은 무리를 강요해 왔기 때문이다. 최초에는 학교 학습을 야유하는 의미로 사용된 것인데 어느 샌가 '무리無理'로 통해져서 '도리道理'처럼 되어 버렸다. '공부'에서 '배움'으로 전환해야 한다.

그렇다면 '공부'와 '배움'의 차이를 어디에서 찾으면 좋을까? 어느 시민 대학 강좌에서 '공부'와 '배움'의 차이를 참가한 수강자 전원에게 적어 보라고 부탁한 적이 있다. 최초의 답은 지극히 평범한, 즉 '공부란 무리해서 행하는 일', '배움이란 주체적으로 행하는 일'이라는 회답이었다. 이런 회답이 일제히 나온 점에서 지금까지 학교교육의 병리와 전후 '주체성' 신화의 병리를 확인할 수 있다.

　다시 종이 한 장을 나누어 주고, 다시 한 번 다른 답을 요구해 보았더니 흥미로운 회답이 계속해서 모아졌다. 예를 들어 '공부란 항상 마지막을 알리는 일', '배움이란 언제나 시작을 준비하는 일'이라는 회답이었다. 학교에서 '공부'가 끝나면 언제나 "잘할 수 있습니다"라는 종료 스탬프stamp를 찍어 준 일이 떠올랐다. '공부'는 주어진 과제를 하나하나 처리해 가는 작업인 것이다. 그에 비해서 '배움'은 '시작을 준비하는' 작업이다. '배움'에 끝은 없다. 하나의 배움이 다음의 물음을 불러일으키고, 그 물음의 해결이 한층 더 의문을 불러일으킨다. 배움에 의해 열리는 미지의 세계는 그 배움이 진행되면 될수록 확대되기 때문이다. 명언이다.

　'공부는 앞으로 전진하는 일', '배움은 갔다가 되돌아오는 일'이라는 답도 있었다. 이것도 명언이다. '공부'는 계단을 한 단 한 단 오르듯이 직선적이고 일방적으로 조직되어 있다. 말하자면 '제도적 시간'에 따라 조직되어 있다고 말해도 좋다. 그에 비해서 '배움'은 '신체적 시간'에서 조직되어 있어

미지의 경험과 기지旣知의 경험 사이를 오가고, 과거 경험과 현재 경험 사이를 오간다. '공부'가 프로그램program 시간에서 조직되어 있는 데 비해 '배움'은 프로젝트project 시간으로 조직되어 있다는 것이다.

'공부'와 '배움'의 근본적인 차이는 '공부'에서는 어떤 사람과도 만나지 않고, 어떤 사람과도 대화하지 않는 데 비해 '배움'은 만남과 대화의 경험이라는 점이다. 그렇다고 한다면 '공부'에서 '배움'으로의 전환은 다음 세 가지 과제에 따라 수행되어야 한다.

첫 번째는 사물이나 도구, 사람을 매개로 한 배움을 실현하는 것이다. '공부'의 특징 중 하나는 좌학座學이고, 뇌 시스템 결합에 닫혀 있다는 것이다. 칠판과 분필을 사용해 교사가 교과서 내용을 설명하고 아이들은 오로지 그 설명을 듣고 노트에 써서 연습하고 암기한다. 이 '공부'를 중심으로 하는 교실 풍경은 이제는 지구상 일부 지역에서만 볼 수 있을 뿐이다. 많은 국가들의 학교에서 칠판과 교과서는 보조적 역할로 바뀌고 있다. 교실은 테이블 몇 개가 놓이고, 학생들이 주제를 중심으로 다양한 자료를 활용하여 협동으로 탐구하고 서로 표현하는 배움을 교사가 돕는 양식이 지배적으로 계속 이루어지고 있다. 이 새로운 교실에서 학습 활동은 이미 좌학이 아니다. 구체적인 사물이나 도구에 의해 매개된 관찰이나 실험, 조사나 토론에 의해 수행되는 배움이 중심적인 위치를 차지하고 있다. '공부'에서 '배움'으로의 전환은 무

매개적無媒介的인 뇌 시스템 활동에서 사물이나 도구, 사람을 매개로 하는 작업에 의한 학습 활동으로의 전환을 필요로 하고 있다.

두 번째 과제는 개인적인 '공부'를 협동적인 '배움'으로 전환하는 과제이다. '공부'는 개인적인 활동이고, 개인주의적 경쟁을 원리로 하는 활동이다. 그 전통은 우리들의 학습관 속에 깊이 영향을 미치고 있다. '자력 해결', '자기 학습' 등 일본에서는 다른 사람의 힘을 빌려 학습하는 것은 부정적으로 평가되고, 누구의 힘도 빌리지 않는 독자적 힘으로 문제를 해결하는 것이 좋은 학습이라고 간주하고 있다. 그러나 이 개인주의적 '공부' 문화는 협동적 '배움' 문화로 전환될 필요가 있다. 다양한 사람들이 다른 의견을 넘어 공생하는 사회를 전망한다면 자기 아이디어를 아까워하지 않고 다른 사람에게 제공하고, 다른 사람의 아이디어를 적극적으로 받아들이는 '협동적 배움'을 추구하지 않으면 안 된다.

세 번째 과제는 지식이나 기능을 습득하고 정착하는 '공부'에서 지식이나 기능을 표현하고 공유하는 '배움'으로 전환하는 일이다. '공부' 문화에서는 지식이나 기능은 습득하고 축적하는 것으로 이해되고 있다. 축적해 두면 언젠가 유익할 것이라고 생각하고 있는 것이다. 이 교육관에 관해서 브라질 교육학자 파울루 프레이리Paulo Freire는 《페다고지 −피억압자의 교육학》에서 '예금 개념'이라고 이름 붙이고 있다. 억압받는 하층계급 아이들은 은행 예금을 저축하듯이 지식이나 기능을 후생대사後生大事로 축적하는 학습관에 지배되어 있다고 말한 것이다. 프레이리가 지적한 바와 같이 지식이나 기능을 습득하고 축적하는 것으로 보는 '예금 개념' 학습관은 하층계급에서의 지배적인 학습관이며, 성적이 떨어지는 아이들이 지배받고 있는 학습관이다. 프레이리가 주장하고 있는 바와 같이 '예금 개념'의 '공부'는 '대화에 의한 배움'으로 전환되지 않으면 안 된다. 습득하고 정착하는 '공부'에서 표현하고 공유하는 '배움'으로의 전환이 요구된다.

히로미초등학교 사토 교장은 연수 부장과 함께 '공부'에서 '배움'으로의 전환을 도모하는 위 세 과제를 수행하기 위해 모든 교실에서 '활동적이고 협동적이며 반성적인 배움'을 실현할 것을 제기했다. '활동적이고 협동적이며 반성적인 배움'이란 수업 중에 교재 속의 사물이나 현상과 대화하는 '활동'을 조직하는 일이고, 교실에서 개인과 개인의 서로 스침을 실현하는 소그룹 '협동'을 조직하는 일이며, 자기 생각을 표현하여 동료와 공유하는 활동에 의해 '반성적 사고'를 조직하는 일을 의미하고 있다. 작업과 그룹 활동 그리고 표현이 있는 수업을 조직하는 일을 모든 교실에서 추진한 것이다.

이 '활동적이고 협동적이며 반성적인 배움'을 실현하는 것 외에도 총합학습 구성은 효과적이었다. '활동적이고 협동적이며 반성적인 배움'은 총합학습에 한하지 않고, 모든 교과 학습에서 실현해야 할 과제이지만, 그 개혁의 돌파구로서 총합학습 창조가 자리하고 있었던 것이다. 앞에서 사례로 든 '하수'의 실천에서 나타나고 있듯이 총합학습은 지역에 나오는 사물이나 현상을 조사하여 교실 동료와 협동을 실현하고, 자기의 인식을 표현하여 서로 나누는 활동을 포함하여 전개된다. 총합학습 실천의 창조를 통해서 '활동적이고 협동적이며 반성적인 배움'을 실현하여 그 배움을 교과 학습에도 확대하는 개혁이 시작된 것이다.

그리고 '활동적이고 협동적이며 반성적인 배움'을 실현한다는 전제로서 교실에 '서로 듣는' 관계를 구축하는 일이 추구되었다. 일반적으로 학교에서는 아이들의 발표력이나 표현력을 높이기 위해 '말하는 법' 교육이 중심이 되는 경향이 있다. 그러나 '대화dialogue' 교육에서는 '말하기'보다도 '듣기' 교육 쪽이 훨씬 중요하다. 몇몇 학생들이 활발하게 의견을 내놓아도 '듣기'가 중심이 되지 않는다면 한 사람 한 사람의 인식이 변화하는 커뮤니케이션을 풍부하게 전개하는 것은 불가능하다. 배움은 능동성에서 얘기되는 경향이 있지만 오히려 수동성에 바탕을 둔 행위이고, '수동적 능동성'에서 성격이 결정되는 행위이다.

'서로 듣는' 관계를 교실에 구축하기 위한 첫걸음은 무엇보다도 교사 자신이 잘 듣는 사람으로서 교단에 서는 일이다. 히로미초등학교에서는 모든 교사가 수업을 비디오로 기록하고, 그 수업 비디오 기록을 검토해서 교사가 아이 한 사람 한 사람의 목소리나 중얼거림을 어떻게 청취하고 어떻게 대응하고 있는가를 초점에 두는 연수를 지속해 왔다. 그리고 교사가 듣는 행위를 통해서 교실에 서로 듣는 관계가 어떻게 형성되고 있는가를 검토하는 연수로 발전하는 것이 필요하다.

수업 개혁을 추진하고 서로 배우는 관계를 모든 교실에서 실현하기 위해서는 학교의 교사 집단 내에 전문가로서 서로 성장하는 '동료성'이 구축되지 않으면 안 된다. 그리고 '동료성' 구축을 위해서는 모든 교사가 수업을 공개하고 솔직하게 서로 비평하여 교육 전문가로서 전문성을 향상시키지 않으면 안 된다. 히로미초등학교에서는 '동료성' 구축을 위해서 연간 최저 1회 모든 교사가 자기 수업을 공개하고 비디오로 기록하여 서로 검토하기로 했다. 어느 학교에서나 교내 수업 연수로서 연구 수업은 조직되어 있지만 통상 연 3회 정도 연구 수업이 조직되는 데 지나지 않는다. 게다가 많은 학교에서 연구 수업은 젊은 교사에게 수업을 공개하게 하여 선배 교사가 각각 의견을 얘기하는 형식으로 행해지고 있다. 이와 같은 교내 연수에 의해 학교가 개혁된 사례는 존재하지 않는다. 모든 교사가 수업을 공개하고 서로 비평하는 열린 관계를 구축하지 않고서는 학교 개혁은 불가능하다. 그러나 대규모 학교인 히로미초등학교에서 모든 교사가 수업을 공개하여 연수를 수행한다는 일이 쉽지는 않았다. 이 학교에서는 우선 연간 5회 정도로 전교 교내 연수를 준비하고, 학년회마다 연구 수업을 월례 행사로 준비해서 모든 교사가 연 1회 이상 수업을 서로 공개하는 기회를 보장하기로 했다.

'동료성' 구축에서 중요한 것은 교사 각각의 교육관이나 수업 방식의 다양성을 서로 존중하는 일이다. 지금까지의 연구 수업에서는 수업에서 발문 기술이나 지도 방법이 좋고, 좋지 못한 점이 검토 대상이 되었기 때문에 걸핏하면 의견이 강한 사람의 견해에 지배되어 교사 한 사람 한 사람의 수업 개성이나 다양성이 무시되는 경향이 있었다. 히로미초등학교에서는 수업을 공개하는 교사의 고민이나 소원, 교사 자신이 설정하고 있는 과제에 맞추어 수업을 검토하기로 하고, 수업의 좋고, 좋지 못한 점이 아니라 교실에서 일어난 사건의 사실에 맞추어 수업의 '어려움'과 '흥미로움'을 중심으로 대화하는 연수가 추구되었다. 이렇게 함으로써 지금까지 수업 공개에 적극적이었던 교사를 포함하여 모든 교사가 수업을 공개하고 서로 검토하는 '동료성' 구축을 가능하게 했던 것이다.

사례 연구 연수를 거듭함에 따라 조금씩 교사들 사이에 수업을 보는 방법에 관한 의견이 일치될 수 있었다. '활동적이고 협동적이며 반성적인 배움'의 실현이나 '서로 듣는 관계' 형성이라고 말한 사토 교장과 연수부가 제기한 과제도 이 사례 연구의 축적을 통해서 구체적으로 교사들의 실천 속에 침투하고 있었던 것이다.

그런 후에 히로미초등학교 교사들은 '배움의 공동체' 구축의 또 하나의 과제인 '학습 참가'(학부모가 참가하는 수업 창조)에 몰두했다. 이 과제 수행에서도 총합학습은 가능성 있는 영역이다. 앞에 소개한 4학년의 '하수' 학습에서도 맨홀 소재를 조사하여 학교 주변의 하수도 지도를 만드는 학습에는 그룹마다 많은 학부모가 참가했다. 지역 '하수' 학습은 아이들과 교사, 학부모가 함께 탐구해야 할 주제이고, 지역 역사와 과제를 구체적으로 알 수 있는 중요한 주제이다. 학부모는 교사의 도움으로 아이들 배움을 도와주는 역할을 맡아 참가한 것이지만 학부모 자신이 학습자로서 지역 인식을 발전시킨다는 점이 중요할 것이다. 학부모의 '학습 참가'를 실현한 총합학습 실천은 학교를 지역 문화와 교육 센터로 구축하는 미래 학교를 준비한다는 의미도 담고 있었다.

개혁의 거점 학교를 준비하다

히로미초등학교 3년째의 과제

'배움의 공동체' 구축을 표방하는 히로미초등학교 조직은 이렇게 해서 3년째를 맞이했다. 사토 교장은 1년차, 2년차에 추구해 온 '활동적이고 협동적이며 반성적인 배움'을 중심에 두고 수업의 질을 높이고, 수업 사례 연구를 통해서 직원 간에 '동료성'을 구축했다. 그리고 학부모의 '학습 참가'를 촉진하여 교사와 학부모의 신뢰와 연대 관계를 구축하는 일에 더하여 3년차에는 새로운 과제도 설정했다.

그중 하나가 커리큘럼curriculum 구성이다. 이 커리큘럼 구성에서는 두 과제로 이루어진다. 하나는 '커리큘럼'을 '계획'으로서가 아닌 '배움의 궤적'으로 조직하는 일이다. 보통 커리큘럼은 학년 또는 학기 초에 작성되는 '지도 계획'으로 다루고 있다. 오히려 학년 또는 학기 마지막에 총괄하는 '배움의 궤적'으로 다루어야 할 필요가 있다. 그렇게 해야만 커리큘럼은 다음 연도의 토대로서 기능을 발휘할 수 있다. 1학기 또는 1년 동안의 '배움의 궤적'이 바로 커리큘럼이다.

이 커리큘럼에 대한 재검토는 2년차 총합학습 구성에 따라서 교사 전원이 대부분 합의하게 되었다. 4학년의 '하수'를 총합학습으로 해도 4월 초부터 그 후의 전개가 준비되어 있다는 뜻은 아니다. 하나의 학습 활동이 다음 학습 활동을 불러일으키고, 차례로 과제를 발전시켜 지역 역사와 장래 계획으로 연결되는 학습 활동으로 발전한 것이다. 이 전개에서 커리큘럼은 계획으로서가 아니고 학습 활동 경험의 결과로서 창조되고 있다. 이와 같은 커리큘럼에 대한 사고방식을 총합학습에서뿐만 아니라 교과 학습에도 확장할 필요가 있다.

커리큘럼 구성에서 또 하나의 과제는 지금까지 '목표·달성·평가'의 단위로 조직되어 온 단원을 '주제·탐구·표현'의 단위로 재구성하는 일이다. '목표·달성·평가'의 단위로 조직되어 온 단원은 원래 효율성을 중시하는 '공부'에는 유효하지만, '활동적이고 협동적이며 반성적인 배움'을 중심으로 하는 수업에는 유효하다고 말할 수 없다. '공부'에서 '배움'으로의 전환은 그에 합당한 커리큘럼과 단원을 요청하고 있기 때문이다.

히로미초등학교에서는 모두 아카부치 선생의 수업 사례에서 볼 수 있는 바와 같이 많은 교사들이 교재와 수업 전개를 연구하여 '주제·탐구·표현'의 단위로서 커리큘럼을 재구성하는 도전을 거듭하고 있다. 또 학년마다 조직되어 있는 총합학습에서는 '목표·달성·평가'의 단위가 아닌 '주제·탐구·표현'의 단위가 자연스럽게 성립하고 있다. 그러나 많은 지식을 망라해서 조직한 교과 학습에서는 지금도 '목표·달성·평가'의 단위 학습이 지배적이며, 그 단원들을 한꺼번에 '주제·탐구·표현'의 단위로 재구성한다는 것은 불가능하다. 지금까지와 마찬가지로 교실에 '활동적이고 협동적이며 반성적인 배움'을 실현하는 조직을 지속해 가면서 단원 하나하나를 '주제·탐구·표현' 양식으로 재구성하는 도전을 한 걸음씩 추진할 필요가 있다. 이 과제를 달성하기 위해서는 적어도 10년의 시간이 필요할 것이다.

커리큘럼 구성에 더하여 히로미초등학교의 3년차 과제가 되고 있는 것이 배움을 창조하는 지역 거점 학교로서 학교 창조이다. 이 학교 교내 연구에는 많은 타 학교 교장과 교사가 참관자로서 모두 참가하고 있고, 이 학교 개혁은 인근에 있는 학교 개혁의 모델로서의 기능을 계속해서 완수하고 있다. 3년차 조직으로서 사토 교장은 자주적인 공개연구회를 개최하고, 이 학교를 현직 교육 거점 학교로서, 그리고 학교 개혁 파일럿 스쿨로서 자리 잡는 것을 전망하고 있다.

학교 개혁은 하나의 학교에서 단독으로 달성할 수 있는 것은 아니다. 히로미초등학교에서의 개혁도 단독으로 시작하여 수행되어 왔다는 것은 아니다. 사토 교장과 연수부 교사들이 모델로 삼은 것은 가나가와 현 지카사키 시 파일럿 스쿨인 하마노고초등학교였다. '배움의 공동체'를 내세워 창설된 하마노고초등학교 교내 연수 방식이나 학습 참가 실천을 참관하고 조사함으로써 히로미초등학교는 스스로 학교를 개혁하는 비전을 확실하게 할 수 있었고, 그 비전을 실천에 옮길 수 있었던 것이다. 학교 개혁은 개혁 디자인과 그 실천을 지지하는 네트워크를 필요로 하고 있다.

하마노고초등학교가 지카사키 시 학교 개혁 파일럿 스쿨로서 기능을 다하고 있는 것처럼 히로미초등학교는 후지 시 학교 개혁 파일럿 스쿨로서 기능을 다하리라 기대한다. 그러나 개교 당초부터 지카사키 시 파일럿 스쿨로서 사명을 담당해 온 하마노고초등학교와는 조건에서 근본적으로 차이가 있다. 그럼에도 불구하고 히로미초등학교가 인근의 학교 개혁 센터가 되고, 가까운 장래에 후지 시 학교 개혁의 파일럿 스쿨로서 그 사명을 담당하리라는 것은 결코 불가능하지 않다. 교육행정의 지방분권화가 추진되는 시대다. 지방 교육위원회 개혁의 비전에 대한 책임을 묻고, 한 학교 한 학교 학교 개혁 비전의 책임을 묻는 시대다. 히로미초등학교의 도전은 후지 시 학교 개혁 모델의 하나가 될 것이고, 몇몇 교장이 이 학교를 모델로 하는 개혁에 착수하고 있다는 사실이 보여 주듯이 이 학교를 센터로 하여 인근 학교가 독자적 개혁을 추진하게 될 것이다.

히로미초등학교 실천을 인근 학교 교사들에게 공개하는 것은 히로미초등학교 교사들에게도 유익한 경험이 될 것임은 틀림없다. 창조적인 실천을 외부에 공개하고, 외부의 비평을 존중함으로써 그 창조성을 지속시키고 발전시킬 수 있다. 아무리 훌륭한 실천을 전개하려고 해도 학교가 닫혀 있다면 창조적인 도전을 지속할 수는 없다. 3년차에 예정되어 있는 히로미초등학교의 주체적인 공개연구회는 히로미초등학교가 인근 학교의 개혁 네트워크 거점으로서 자리매김을 하는 데 기여할 것이고, 개혁의 거점 학교에 걸맞은 수업과 커리큘럼을 창조하는 데 첫걸음이 될 것이다.

교실 여행은 계속된다

교실 여행을 시작한 지 30년이 넘었다. 지금까지 방문한 국내외 학교는 1,500여 곳이고, 참관한 수업은 1만 번이 넘지만, 한 번도 낙담한 기억은 없다. 교실의 사건은 하나하나가 작은 우주를 형성하고 있어 교사와 아이의 풍요한 이야기로 충만하다. 그 풍경과 사건에 매료되고 있는 한, 나의 교실 여행은 앞으로도 계속될 것이다.

학교 개혁은 도처에서 소리 높여 제창되며 논의되고 있다. 이를 막을 수는 없다. 매스컴이나 정계, 교육 평론가에 의한 학교 개혁 논의와 정책은 교육에 대한 성실한 관심에서 나오고 있을까? 오히려 소리 높은 '대단한 개혁'이나 과잉 논평의 뒤편에서 교육 현실에 대한 무관심이나 교육 그 자체에 대한 현실주의가 만연하고 있는 것은 아닐까?

학교 개혁을 소리 높여 논의하고 정책화하는 사람들은 한 번이라도 학교를 방문하여 교실을 자세히 관찰하고 교사 업무와 아이들 활동에서 배운 적이 있었을까? 아이들 장래와 교육의 미래에 희망을 건다면 학교와 교사를 재단하고 논평하여 비판하는 무책임한 발언은 허용해서는 안 되며, 교사와 아이들이 직면하고 있는 고민을 구체적으로 공유하여 매일매일 실행하는 학교교육 활동에 스스로 협력하지 않으면 안 된다. 그 출발점이 공유되지 않는 한 어떤 개혁 논의나 정책도 무엇 하나 성과를 거둘 수 없을 것이다.

'대단한 개혁'을 요구하는 논의나 정책은 의식적, 무의식적으로 교실의 '작은 사건'은 하찮은 것이고, 어떻게 되든 좋다는 풍조가 만연되어 있다. 게다가 교실의 '작은 사건'에 대한 무관심은 일반 사람들만이 아니라 어느 샌가 교사들 사이에도 침투하여 학교는 내부에서부터 썩어 가고 있다. 그러나 교육개혁은 '작은 사건'이 쌓임에 따라 그 성과를 구체화하는 것은 아닐는지? '산수가 힘들어서 교과서도 펼 수 없었던 요시키芳樹가 오늘은 도시코敏子, 히데키秀樹와 협동학습을 하면서 틀리면서도 연습 문제에 몰두했다.', '친구들이 실패하면 곧장 깎아내렸던 가쓰지勝次가 제멋대로 된 요리 수업에서는 친구들의 생각에 멋지다!라고 감탄하는 목소리를 높였다.', '언제나 입을 다물고 다른 사람의 눈길을 피하고 있는 요시코良子가 오늘은 바지에 작은 꽃줄기 모양을 수놓아 입고 등교했다.' 이들 '작은 사건' 하나하나가 아이 한 사람 한 사람의 배움을 뒷받침하고 촉진하는 교사에게는 '대단한 혁명' 이상으로 중요한 사건인 것이다. 이 책은 매일의 실천인 '작은 사건'에 마음을 쓰고, 그것을 창출하는 데 진력하고 있는 교사들에게 보내는 교실에서의 메시지이다.

이 책에 등장하는 교사들은 미국의 학교 개혁자인 데보라 메이어와 이탈리아의 레조 에밀리아의 유아 학교 교사들을 제외한다면, 결코 유명한 교사도 아니고 각별하게 뛰어난 실천가도 아니다. 내가 협력하고 있는 국내외 학교마다 있는 평범한 교사들이다. 소개한 수업의 사례도 최근 수년간 관찰한 1천 개 가까운 교실의 일상적인 풍경의 일부를 제시한 것에 지나지 않는다. 그러나 어느 교사도, 빠짐없이 아이 한 사람 한 사람의 존엄성에 마음을 다하여 교실에 서로 배우는 관계를 구축하고 질 높은 배움을 실현하는 수업에 도전하고 있다. 나는 이들 교사들의 일과 그 교실의 '작은 사건'에서 배워 왔고, 이들 교사들과 그 교실 아이들이야말로 교육의 미래를 여는 '교육개혁자'라고 확신해 왔다.

지금, 교실에 조용한 혁명이 진행되고 있다. 이 조용한 혁명에 교육의 미래를 거는 교사, 학생, 시민에게 이 책을 드리고 싶다.